T0078047

mente.

corpo.

anima.

traduzione di
silvia macolino

kendra leonard

BALBOA.PRESS
A DIVISION OF HAY HOUSE

Balboa Press books may be ordered through booksellers or by contacting:

Balboa Press
A Division of Hay House
1663 Liberty Drive
Bloomington, IN 47403
www.balboapress.com
844-682-1282

Print information available on the last page.

ISBN: 978-1-9822-7126-8 (sc)
ISBN: 978-1-9822-7127-5 (e)

Balboa Press rev. date: 06/30/2021

Contents

la fine

una settimana fa pensavo che sarei morta. avevo appena fatto un massaggio e avevo bisogno di aiuto per raggiungere lo spogliatoio della spa perché riuscivo a malapena a camminare. avevo i brividi e così sono entrata nel bagno turco per riscaldarmi un po'. la sensazione di calore era talmente insopportabile che sono uscita immediatamente e sono andata nella sauna. è stato allora che ho capito di dovermi sdraiare. mi girava la testa parecchio. qualcuno del personale della spa mi ha chiesto se stessi bene. ho risposto di sì, mi serviva solo un po' di tempo. ma dopo qualche minuto mi sono accorta che non stavo per niente bene. mi hanno portato dell'acqua e del succo d'arancia e mi hanno chiesto se volevo che chiamassero qualcuno. lì per lì ho detto di no, ma poi ho notato che le mie mani si erano serrate come artigli e avevo i crampi. ho iniziato ad avere il sentore che stesse per accadere qualcosa di brutto. stavano già chiamando i paramedici.

la mia complice è arrivata con mia madre mentre tremavo con i crampi. mi hanno poi confessato che sembrava avessi un attacco epilettico. i paramedici mi hanno fatto tornare a respirare normalmente mentre li imploravo di non lasciarmi morire. mi sono chiesta se l'incubo fosse finito o se le mie mani fossero rimaste bloccate così per sempre. dopo avermi messa dritta, mi hanno rivestita e portata fuori sulla barella. appena fuori mi è venuta la nausea e ho vomitato e mi hanno caricato subito sull'ambulanza e portato all'ospedale. mi hanno detto che ero estremamente disidratata e che avevo avuto un attacco di panico. non ho mai sofferto di attacchi di panico, me la cavo bene nelle situazioni di stress, ma questa volta ero sicura che sarei morta.

all'ospedale mi hanno messa su una sedia a rotelle nella sala d'aspetto. dopo un'infinità di tempo mi hanno rimesso in piedi dicendomi che mi avrebbero potuto fare una flebo o che sarei potuta andare a casa e bere una tanica d'acqua. ho scelto la seconda opzione. non mi hanno fatto nessun esame, ma ero solo felice di essere arrivata fin lì e di poter tornare a casa. mia madre si è rivelata la migliore assistente di sempre e si è costantemente assicurata che avessi tutto ciò di cui avevo bisogno. ho fatto il bagno e sono andata a dormire.

il giorno dopo avevo male dappertutto. non ho fatto altro che stare sdraiata sul divano tutto il giorno e guardare tutti i film di harry potter con mia madre. ho fatto un bagno il mattino e un altro la sera e infine l'ho convinta ad andare a casa a riposarsi. il mattino seguente mi sono alzata alle 3.45. mi sentivo bene e così ho iniziato a rassettare un po'. un attimo dopo ero zuppa di sudore. mi sono misurata la febbre. avevo 38,7° c. ora mi era chiaro perché le lenzuola erano bagnate di sudore. ho deciso di andare dalla guardia medica invece che al pronto soccorso.

alla guardia medica mi hanno fatto il tampone per l'influenza. i miei sintomi facevano pensare a quello. in ogni caso non ero pronta per la diagnosi che mi hanno dato. non avevo l'influenza, avevo la polmonite. i due lobi del mio polmone destro erano infettati. mi hanno anche detto che i test evidenziavano la presenza di un trombo. "embolia polmonare? si può morire vero?!", ho pensato. ero scioccata perché non avevo nemmeno la tosse o il fiato corto e ora mi stavano dicendo che ero in bilico tra la vita e la morte. c'era la possibilità che il test fosse un falso positivo, ma per saperlo sarei dovuta tornare al pronto soccorso.

sono quindi andata al pronto soccorso alle 11.30. mi hanno fatto le analisi del sangue. mi hanno preparato una flebo con degli antibiotici e poi mi hanno portato a fare una tac. risultato: non avevo un trombo. finalmente mi hanno lasciata andare a casa. mi sentivo uno straccio, camminavo a rilento, ma almeno ero viva. l'indomani mattina ho ricevuto una telefonata dall'ospedale in cui mi hanno riferito che lo streptococco, che è il battere più comune nelle polmoniti batteriche, era entrato in circolo e c'era il rischio di setticemia e perciò dovevo tornare all'ospedale il più presto possibile per gli antibiotici. «setticemia?! posso morirci, giusto?!», dissi.

forse non c'era da preoccuparsi troppo, visto che ero arrivata alle 11.30 e mi avevano richiamato alle 15.30 per le colture ematiche e somministrato la mia buona dose di antibiotici solo alle 17.30. era da giorni che non mi sentivo così bene e siccome non mi avevano assegnato una stanza ho deciso di ammazzare il tempo facendo un po' di yoga nel corridoio. niente di che, solo un po' di stretching.

finalmente arriva il dottore. «quindi sono le 22, posso andare a casa?», gli faccio. «non vai da nessuna parte» mi risponde, «ti dobbiamo tenere sotto osservazione per almeno una notte, se non due». alla fine mi hanno tenuto all'ospedale per tre notti. dopo la mia dose di antibiotici e la cura respiratoria, il mio cuore è impazzito. ho chiesto al dottore di auscultarmi, pensavo che sarebbe schizzato fuori dal petto. mi ha rassicurato dicendomi che la cura respiratoria poteva far accelerare i battiti cardiaci. mi hanno dato qualcosa per rallentarli e alle 23.30 sono crollata. non avevano ancora stanze vuote e così mi sono sistemata nella hall. alle 3.30 (sembra il mio orario prediletto) mi hanno spostata al secondo piano. avevo una compagna di stanza e mi sentivo in colpa per aver disturbato il suo sonno. ma poco contava il mio disagio perché ogni ora sono venuti degli infermieri a controllare i parametri vitali. ero esausta, ma finalmente, alle 11.30, i controlli erano finiti e mi sono potuta riposare. ho dormito per qualche ora e quando mi sono svegliata non mi sentivo molto bene. la febbre andava e veniva e mi hanno prelevato altro sangue per altre emocolture. non potevo ancora andarmene.

il giorno dopo mi sentivo bene, ma la febbre mi ha costretta a stare lì per un altro giorno. mi sono dedicata a qualche lettura e ho cercato di rilassarmi e ho pregato che la febbre non salisse. fortunatamente ho dormito tutta la notte e il mattino seguente mi sentivo alla grande. mi sono alzata e mi sono fatta una doccia in attesa di essere dimessa. quel giorno c'è stata una maratona, la mia strada era bloccata e mia madre mi ha lasciato a un isolato da casa mia. ho camminato lentamente verso il mio palazzo, avvertendo gli agenti che sorvegliavano il traffico di farmi entrare in casa perché altrimenti a mia madre sarebbe venuto un infarto.

mia madre era andata a comprarmi il cibo e le medicine, ma appena rientrata le ho dato la notizia che non si sarebbe potuta trattenere per la notte. avevo dei piani per cena con un'amica del mio stabile e volevo a tutti costi starmene da sola per i fatti miei. avevo trascorso una settimana intera all'ospedale con mia madre e per quanto sia stata importante, ora avevo bisogno di stare da sola. ebbene, poco dopo aver servito la cena, ho iniziato a stare male di nuovo. avevo i brividi e quando sono rientrata in casa avevo la febbre a 39° c. merda. ho fatto un bagno tiepido, ho preso dell'ibuprofene e ho chiamato l'ospedale. mi hanno detto che se la febbre non fosse scesa, sarei dovuta tornare. fortunatamente è scesa in fretta e sono riuscita a dormire. ho passato un altro giorno di pieno riposo e recupero e quando ho invitato mia madre a cena per rabbonirla la febbre è salita di nuovo, e così lei è voluta rimanere a tutti costi. ho trascorso quindi un altro giorno vuoto senza far nulla. stavolta però l'ho costretta ad andarsene. e finalmente la febbre è sparita definitivamente. mi sono sentita di nuovo me stessa! beh non proprio, una copia di me al rallentatore. non riuscivo a respirare a pieni polmoni e non potevo andare da nessuna parte o fare nulla, ma almeno ero di nuovo in sella. ho chiamato l'ospedale e ho chiesto se potevo fare una camminata leggera o fare una lezione di yoga rilassante. potevo, ma non dovevo strafare. e così ho fatto una breve camminata e sono andata a una lezione di yoga leggera, e così ho fatto il giorno dopo e il giorno dopo ancora.

venerdì ero come nuova, perciò ho colto al volo l'occasione per andare a trovare mia figlia ad asheville. era all'ospedale perché aveva la febbre alta. era positiva all'influenza. fortunatamente i sintomi erano spariti in poco tempo e ora era di nuovo in salute. abbiamo trascorso del prezioso tempo madre-figlia ed ero così grata di poter passare del tempo con lei. tutta questa esperienza è stata un bel promemoria di quanto sia meraviglioso avere una madre che si prende cura di te quando stai male e quanto ti faccia sentire bene avere una figlia di cui prenderti cura quando sta male. prospettive – grazie mamma…

vedete, a volte momenti come questo che ti abbattono e per cui devi dipendere dagli altri per curarti sono fondamentali. da donna forte e indipendente quale sono non è facile per me chiedere aiuto. è lì che ci vuole qualcuno che ti ama così tanto da fare quelle cose che tu non chiederesti mai. e quel qualcuno è mia madre. sempre presente, sempre c'è stata e sempre ci sarà. anche quando non ne puoi più e la rimproveri di essere presente e di esserti madre, lei è comunque piena di amore. è stato allora che ho imparato ad amare.

ti amo, ma amo di più me stessa

ho ricercato la stabilità di mente.corpo.anima per anni. la mia vita è stata così caotica che la pace era l'unica cosa che desideravo terribilmente. incinta a vent'anni, vedova a trenta, l'avvio della mia attività, e tutto quello che c'è stato nel mezzo, ho corso senza fermarmi mai. la mia relazione è stata parte della sfida. stavamo assieme da sei anni quando ho capito di volermi sposare. cioè, l'idea di sposarmi non mi era mai frullata per la testa. ma non stavamo andando avanti, e le relazioni devono progredire. dopo anni in cui lui portava avanti una relazione superficiale, il mio valore, la stima per me e le mie capacità erano sul banco di prova. divenni gelosa e insicura. due tratti che disprezzavo in me. e questo fu la vera molla. non mi piaceva la persona che stavo diventando.

così innamorata ma anche così sofferente. solo dopo svariate rotture e riappacificazioni ho realizzato un dato importante. per quanto amassi quest'uomo, amavo di più me stessa. e non potevo più convivere con questa situazione. e così lasciai l'uomo con il quale avrei voluto trascorrere il resto della mia vita. è stata una delle cose più difficili che abbia mai fatto, e ne ho fatte di cose difficili nella mia vita. ma è stato un dono essermi resa conto che dovevo amare me stessa più di chiunque altro. e alla fine dei conti ho capito che il tempismo è stato tutto. era tempo di arrivare a una fine. perché questo era il momento per me.

non ci avevo mai pensato al fatto che non sono mai stata da sola. ho avuto tre relazioni serie per 19 anni della mia vita. non sapevo di essere una monogama seriale. ho persino capito che avevo uno schema in fatto di uomini. ricordo di essere andata da una psicologa perché pensavo di aver sabotato la relazione con il mio ex, e dopo essermi sfogata per un'ora, lei mi chiese che tipo di rapporto avessi con mio padre. "che cavolo, non sto parlando di mio padre, sto parlando del mio fidanzato", pensai. ma poi mi disse una cosa semplice ma profondissima: «vedi, il primo uomo che hai amato e che ti ha amato è stato tuo padre e ogni relazione futura con un uomo si baserà su questo. la stessa cosa con tua madre».

wow. stupefacente. non ci avevo mai pensato prima di allora. eppure tutto tornava. vedete, uno prende il buono e il brutto da tutte le relazioni ed è per quello che "ognuno è la somma delle proprie esperienze", come si suol dire, pensateci. si dice sempre che le donne ricerchino uomini che emulano i loro padri. tutti gli uomini della mia vita avevano problemi di rabbia, proprio come mio padre. ricordo che quand'ero piccola a mio padre bastava guardarmi dritto negli occhi per farmi scoppiare in lacrime. in qualche modo ho sempre ricercato inconsciamente questo tratto negli uomini che frequentavo. si parla tanto di cicli e di come la storia si ripete. ma come facciamo a rompere il ciclo?

la psicologa mi consigliò che ravvivare il rapporto con mio padre avrebbe aiutato le mie relazioni future. mi disse di scrivergli una lettera. dopo quattro mesi finalmente lo feci. quando lo dissi alla mia analista mi chiese se gliel'avessi recapitata. «credevo che mi avessi detto di scriverla per me», le risposi. mi disse: «beh, dato che l'hai scritta, potresti anche dargliela». ora avevo capito cosa avesse fatto...e dopo quattro mesi gliela lessi. prima di farlo gli chiesi se potevamo passare del tempo assieme. mi domandò il motivo e gli dissi che avevo solo bisogno di stare un po' con lui senza nessuno attorno. così gli chiesi della sua infanzia.

più si addentrava nel racconto della sua infanzia, più tutto iniziava a quadrare. le nostre personalità prendono forma intorno ai cinque anni e tendiamo a emulare il comportamento dei nostri genitori. indubbiamente ha preso da suo padre e ha sposato la mia matrigna che assomiglia a sua madre. piangemmo e mi disse che avevo ragione su tutto. aveva un unico rimorso, non aver lottato per me e mia sorella, ma sapeva che mia madre non lo avrebbe tollerato, e così non ci provò nemmeno. dopo la nostra conversazione impegnativa stabilimmo un orario per parlare una volta alla settimana, il contrario di come avevamo fatto negli ultimi cinque anni in cui ci eravamo rivolti la parola ogni tanto.

passato del tempo, dissi a mio padre di chiamarmi quando gli veniva voglia di parlare con me. forse voleva fissare un orario per poter parlare in tranquillità siccome sono molto impegnata, ma volevo soltanto che mi chiamasse quando gli venivo in mente. poco tempo dopo, smettemmo di conversare regolarmente e ricominciammo a parlarci di tanto in tanto.

perciò quando mi stavo riprendendo dalla polmonite, ho visto che mi stava telefonando ma ha riagganciato appena ho risposto. ho pensato che forse mi aveva chiamato per sbaglio. ma ho comunque aspettato che mi richiamasse. ero un po' sconvolta perché ero appena uscita dall'ospedale due settimane prima e, anche se quella era stata una chiamata accidentale, mi aspettavo che almeno si assicurasse che stavo bene. e invece no.

il giorno dopo sono stata con mia madre e il giorno dopo ancora con il mio ex, con cui sono rimasta amica; poi ho parlato con mia figlia del fatto che fossi infastidita e lei mi ha detto: «chiamalo e basta». e così ho fatto. ha risposto con un tono del tipo "cosa vuoi?". «ho visto che mi hai chiamato l'altro giorno», gli ho detto, «la kendra normale si sarebbe accorta di una chiamata persa, ma siccome mi stavo riprendendo, ho visto che mi hai chiamata e hai riagganciato. non sapevo se è stata una chiamata accidentale». «sì, mi è partita per sbaglio», ha mugugnato. e poi il nulla.

ma poi mi ha chiesto che cosa volessi. ho incespicato e poi gli ho chiesto come stava, come stavano la mia matrigna e la mia sorellastra. dopodiché lui mi ha domandato di mia figlia. gli ho detto che stava andando benissimo a scuola e che aveva appena scoperto un gruppo di studio sullo stupro a cui avrebbe potuto partecipare (parte di un programma di studio della sua scuola), e che, siccome era quello che voleva fare nella vita, sarebbe stata un'esperienza magnifica. ho anche accennato al fatto che non ricordavo se gli avessi detto che era stata stuprata l'estate prima di tornare a scuola, e che quindi questo corso sarebbe stato utile, oltre che per fare esperienza sul campo, anche per affrontare meglio i suoi problemi.

ha chiuso infine la conversazione dicendomi che la tavola era apparecchiata e che, se mi andava, avremmo potuto riprendere la settimana dopo. come se non avesse capito nulla, e no, non ha richiamato la settimana dopo. è stata l'ennesima volta che ho compreso che razza di rapporto abbia con mio padre. mia madre ha detto che probabilmente non mi aveva sentito o che non stava nemmeno prestando attenzione. "sì, dà fastidio lo stesso", ho pensato. in ogni caso ho parlato con la mia analista e lei ritiene che il suo comportamento non sia un atto di negligenza, ma che semplicemente non sappia gestire le emozioni, cosa che spiega la sua rabbia. quest'analisi è stata illuminante e gliene sono grata, perché mi ha aiutato a rendermi conto che stavo proiettando le mie aspettative su come lui avrebbe dovuto reagire invece di capire quale fosse il suo background e come quel piccolo cambiamento di contesto avrebbe potuto dare senso a tutto.

mercurio retrogrado

alcuni cicli che continuamente affrontiamo orbitano attorno al sole. per coloro che non credono all'astrologia e all'universo, spero di far luce sull'argomento per aiutarvi a capire meglio. io per esempio ho sempre creduto fermamente nello zodiaco. sono un vero pesci – mutevole, compassionevole, contraddittorio, creativo, emotivo, affabile, intuitivo, gentile, premuroso, spirituale, empatico, potrei andare avanti con la lista – e le informazioni che ho letto riguardo al mio segno nel corso di trent'anni sono piuttosto affidabili. sono certa che la maggior parte di voi conoscerà le stelle e i pianeti, la forza di gravità e come essi influenzino l'universo. proprio come la luna ha un'influenza sulle maree. perciò vi prego di credere che queste entità esercitano il loro influsso anche su noi umani. non sono un'astrologa, ma non posso ignorare l'impatto che hanno sulle nostre vite.

non sto suggerendo che uno dovrebbe cambiare la propria vita in base a cosa dice l'oroscopo, ma se prestate attenzione, esso delinea una mappa di base che vi aiuta a prevedere o pianificare certi aspetti della vostra vita. abbiamo indubbiamente tutti la libertà di fare o non fare qualcosa, ma secondo il momento e il luogo esatto della vostra nascita, c'è un tema natale che vi connette all'universo e determina il vostro ruolo. quindi siamo tutti connessi e abbiamo tutti uno scopo, alcuni di noi sono solo più sintonizzati di altri. come se tutto accadesse per una ragione. e sì, c'è una ragione per tutto. magari non sapete cosa sia e perché stia accadendo, ma vi garantisco che in questo meraviglioso mondo del caos tutte le "coincidenze" non accadono "per puro caso".

c'è un motivo se avete avuto quel lavoro, quel via libera, quel partner, quell'opportunità. le cose sembrano sempre aggiustarsi e funzionare, anche quando tentiamo disperatamente di farle andare come vogliamo noi. ed è qui che mercurio retrogrado entra in scena. per chi di voi non crede di sapere o non sa cosa significa, vi do qualche dritta, come fece con me la guida spirituale. in sostanza, immaginate di scendere lungo una strada a 110 km/h. quando mercurio è retrogrado, dovremmo rallentare a 88 km/h, ma continuiamo ad accelerare fino ai 130 km/h. ecco che qui le cose vanno storte. e ci chiediamo come mai vada tutto a puttane e niente va come vogliamo.

mercurio diventa retrogrado una manciata di volte durante l'anno. governa la comunicazione, la tecnologia, i viaggi, la conoscenza, e quelle volte sono un buon momento per prendersi una pausa e riflettere prima di prendere decisioni importanti in merito a questi ambiti. non è nemmeno un tempo propizio per chiudere contratti. quindi vi sarà utile sapere quando mercurio è retrogrado per ciò che farete. il motivo per il quale la gente parla di mercurio retrogrado è perché è un fatto. come ogni altro cliché, esiste perché è vero.

e sì, potete imbattervi in certe informazioni relative ai segni zodiacali che sembrano un credo, ma nonostante ciò abbiamo determinate caratteristiche in base ai nostri segni. c'è anche compatibilità tra segni specifici e non si può ignorare il fatto che alcuni segni non siano fatti per stare assieme e altri vadano tanto d'accordo. raccomando altamente di dare un'occhiata anche alla parte oscura dello zodiaco. è un approccio umile per conoscere tutto ciò che di negativo c'è nel vostro segno. avere una maggiore conoscenza di voi stessi e di ciò che vi forgia, vi aiuta a essere la versione migliore di voi stessi. e chi non vuole essere la versione migliore di sé? non so voi, ma io sono alla ricerca di quale sia il mio scopo in questa vita e del modo per raggiungerlo.

dici a me?!

un altro aspetto che secondo me dobbiamo considerare in questa società è il modo in cui parliamo gli uni agli altri e come ci trattiamo a vicenda. sembra un argomento molto ovvio, ma vorrei rubarvi un minuto per raccontarvi l'esperimento del riso giapponese di masaru emoto, autore giapponese e pseudoscienziato che sostiene che la coscienza umana abbia un effetto sulla struttura molecolare dell'acqua. ecco l'esperimento.

ha preso tre brocche di riso bianco e le ha riempite d'acqua. ogni giorno, per trenta giorni, ha detto alla prima «grazie», alla seconda «sei un'idiota» e la terza l'ha completamente ignorata. dopo un mese, la prima, quella che era stata ringraziata, è fermentata con un piacevole aroma e il riso era bianco, invece il riso del secondo contenitore era diventato nero ed era orribile; infine il riso ignorato è marcito.

stando alla scienza, il nostro corpo è composto dal 50-70% di acqua. la percentuale varia se sei un uomo, una donna o un bambino. la mia conclusione in merito all'esperimento è che le nostre parole contano. immaginate di dire costantemente parole gentili e premurose alle persone attorno a voi. non è bello soltanto dare amore, ma è anche bello riceverlo. per esempio, frasi come "ti amo", "sei così bella", "ti stimo", "grazie per esserci", "sei fantastico", ecc. come vi fanno sentire anche solo leggendole? immaginate l'opposto ora – "fai schifo", "ti odio", sei stupido", "sei brutto", "sei grasso", ecc. queste parole feriscono. infine immaginate di essere ignorati. non è forse ciò che facciamo con le persone con cui ci troviamo in imbarazzo, gli emarginati, con i senzatetto, con i disabili, con gli anziani? come pensate si possano sentire?

il punto è che possiamo non solo cambiare noi stessi ma anche le altre persone semplicemente in base al modo in cui ci rivolgiamo loro, o semplicemente ammettendo la loro presenza come esseri umani su questa terra. interiorizziamo tutto ciò che ci diciamo quando ci guardiamo allo specchio la mattina (sono grasso, sono brutto, non piaccio a nessuno) e lo rendiamo vero. quando ci diciamo quelle cose o permettiamo agli altri di dircele, diventiamo quelle cose. se invece iniziamo ad amarci e a parlarci con amore, possiamo esternarlo e rifletterlo sugli altri. fare i complimenti a qualcuno per l'outfit, o ridere per la battuta di qualcuno, o sorridere alla persona che incrociamo per strada sono semplici gesti che possono cambiare la giornata alle persone.

ma questa trasformazione deve venire da dentro. amatevi e vedrete come vi sentirete meglio. non permettereste a nessuno di parlarvi con sdegno, quindi perché accettarlo se a farlo siete voi? non dovremmo, è questo il punto da cui partire. le persone felici lo dimostrano. è difficile ignorarlo. la loro contentezza è contagiosa e queste sono le persone di cui dovreste circondarvi. allo stesso modo si vede quando le persone sono consumate dall'odio verso sé stesse e gli altri. risucchiano la vita da sé stesse e dagli altri. sono quelle che vi svuotano se le avete attorno. sentite l'energia che è in voi svanire. c'è un motivo se la sofferenza ama la compagnia. e coloro che vengono ignorati, quanto devono essere vuoti dentro? si sentono morire dentro. siamo tutti connessi e dobbiamo esserlo per sopravvivere in questo mondo. attraverso la connessione tra uomo e natura siamo rigogliosi. senza questa, avvizziamo e conduciamo delle esistenze insignificanti.

la nostra società sta prendendo questa direzione. anche se percepisco la presenza di una corrente cosciente, e io sono a bordo del treno che cerca di salvare l'universo, è necessario che più persone diventino coscienti. la maggior parte della gente cammina con la testa bassa o guarda il cellulare. non sa nemmeno più qual è la sua funzione senza il cellulare. siamo diventati talmente sconnessi come società che alcuni non sanno nemmeno più condurre una conversazione, o cosa sia il contatto visivo, o essere genuini e sinceri. è così squallido. c'è questa falsa realtà sui social media che le persone usano come piattaforma per nascondersi in bella vista. certo, postano di continuo e appaiono perfetti, ma come si sentono veramente?!

forse sono paranoica, ma mi pare che la tecnologia ci abbia rubato l'anima. un dottore di ricerca mi ha intervistato qualche tempo fa in merito a come la tecnologia possa aiutare il retail. ci ho pensato per un minuto e ho risposto: «vorrei che la tecnologia ci aiutasse a riconnetterci come esseri umani rimuovendo la tecnologia dalla nostra quotidianità». siamo diventati succubi dei nostri cellulari e dei social media. e ci stanno letteralmente portando via il tempo. essere invece presenti nel momento e pieni di amore può farci del bene.

siamo quello che mangiamo...

qualche anno fa avevo un fidanzato vegetariano. decisi quindi di provare a essere vegetariana anch'io (sapete, è una cosa che fanno i pesci quella di assumere i tratti dei propri partner). ogni volta che stavamo per lasciarci, facevo una festa a base di carne, solo per ripicca, ma a mio detrimento ovviamente. comunque, anche se siamo stati assieme per anni e ogni volta tornavo a essere vegetariana, non era sufficiente per lui. voleva che diventassi vegetariana per delle buone ragioni, che indubbiamente ammiro, ma ero soltanto una carnivora repressa. per natale mi regalò il libro *se niente importa. perché mangiamo animali?* di jonathan safran foer. nemmeno quest'uomo era un vegetariano, ma aveva analizzato le ragioni morali alla base del vegetarianismo, gli allevamenti intensivi e il cibo che scegliamo di mangiare ogni giorno.

immaginate di essere un pollo. la vostra aspettativa di vita è di 37 giorni. durante quei 37 giorni siete in una gabbia 30x30 cm, compressi, pisciando e cagando addosso ai vostri amici, impossibilitati a uscire e giocare, niente pace, niente riposo, niente divertimento. abbastanza deprimente. ora immaginate di essere un maiale. ti stai divertendo con i tuoi amici, rotolandoti nel fango. all'improvviso, sparisci dentro una botola. tutti i tuoi amici fanno «wow! dove sono andati? o mio dio, vi ricordate quando tizio e caio sono scomparsi quel giorno e non li abbiamo mai più rivisti?». nel frattempo tu pensi "che cazzo sta succedendo e dove mi trovo?", e sei in ansia e spaventato e pensi al peggio. ora immagina di essere una mucca. sei sul prato e mangi il tuo foraggio, baciata dal sole, finché a un tratto il tuo padrone ti porta in un corridoio buio in cui ti colpisce alla testa qualcosa che avrebbe dovuto farti perdere i sensi. ma non lo fa. e ora ti stanno scuoiando vivo.

chiedo scusa per lo scenario cruento, ma è tutto ciò che accade negli allevamenti intensivi. certo, non ci piace pensare a quegli animali, ma questo è il modo malato con cui gustiamo il pollo fritto, la pancetta, gli hamburger. e l'aspetto più allarmante, secondario solo al fatto che questi animali conducano un'esistenza orribile macellati per il nostro piacere, è che sono depressi, ansiosi, spaventati, confusi, ecc. e noi ingeriamo tutte queste cose. forse il fatto che mangiamo animali che hanno questi sentimenti è una delle ragioni possibili per cui siamo così depressi, ansiosi, spaventati? i cacciatori che non uccidono la loro preda immediatamente non ne mangiano la carne perché è andata a male. immaginate di essere un cervo ed essere colpiti ma non uccisi. state impazzendo e questo deve per forza riflettersi internamente.

dunque, sono stata interrogata sull'argomento da qualche persona che sostiene che gli animali non abbiano sentimenti. l'antropomorfismo è l'attribuzione di tratti umani, emozioni o intenzioni a entità non umane. è considerata una tendenza innata dell'emozionalità umana. io non ho animali ma scommetto che tutti i miei amici che hanno cani o gatti o altri animali ammetterebbero che i loro amici hanno una personalità e dei sentimenti. e alcuni dicono pure che non provano dolore. sono piuttosto sicura che quando una zampa viene pestata o una coda incastrata in una porta, c'è una reazione di dolore sonora e istintiva da parte dell'animale ferito. questo mi porta a un'altra atroce farsa messa in scena nella nostra cultura.

circoncisione

recentemente mi è stato fatto notare come una volta i dottori pensavano che i bambini maschi non potessero provare dolore, motivo per cui non gli veniva fatta l'anestesia prima di essere circoncisi. non credete all'inganno. di nuovo, sono piuttosto sicura che se lo chiedeste a dei genitori che sentono il loro bambino piangere vi saprebbero dire qual è il vagito di dolore. beh, parto dall'inizio, quando l'argomento saltò fuori (tutti i giochi di parole sono intesi). tempo fa incontrai un ragazzo che aveva deciso di farsi circoncidere in età adulta. seguì per filo e per segno quello che gli disse l'urologo e fece tutti i controlli dovuti e, anche se il dottore gli giurò che non avrebbe percepito nessuna differenza durante l'atto sessuale, lui la sentì. tutto cambiò. non avrebbe mai provato di nuovo ciò che sentiva un tempo. questa però è stata una scelta che ha intrapreso da adulto.

ma la maggior parte degli uomini non ha scelta. i loro genitori scelgono per loro. e molti di loro lo fanno meccanicamente. hmm, un tema ricorrente nella vita, no? alcuni genitori con cui ho parlato nemmeno ricordano che qualcuno gli avesse chiesto se volevano che il figlio venisse circonciso. è diventata una prassi nella nostra società mutilare i neonati maschi il secondo giorno di vita e nessuno ne parla. parliamo di mutilazione genitale femminile di continuo e di quanto terribile sia (e lo è) nelle altre culture. come gli viene in mente di farlo??? selvaggi. ovvio, sono d'accordo, ma mi preme chiedere perché lo facciamo anche noi. siamo anche noi dei barbari?

ebbene, dopo aver visto *circoncisione americana* su netflix, sono rimasta senza parole. questo documentario inizia con un bel neonato che viene portato via dal suo lettino d'ospedale, messo su una sedia a rotelle con le luci accecanti che gli passano davanti e traghettato in una stanza dove lo attendono un lettino di plastica con delle cinture di ritegno per braccia e gambe. ora viene legato, pulito, anestetizzato, il suo prepuzio è tenuto separato dal glande da uno strumento chiamato sonda e un congegno a forma di campana viene sistemato sul glande e sotto il prepuzio. quest'ultimo viene poi sollevato al disopra della campana e viene stretto da un morsetto per ridurre il flusso sanguigno, e infine viene adoperato uno scalpello per tagliare e asportare il prepuzio.

e fine! la procedura comune è questa. non vi sciorino le altre due procedure, credo che per voi sia già abbastanza da digerire in un giorno. e va avanti dall'alba dei tempi. questa "pratica" venne adottata inizialmente dagli ebrei come rituale religioso e poi i cristiani hanno continuato ad applicarla. e questa forma di mutilazione sarebbe "accettabile" perché "purifica" gli uomini e la società riducendone la libido e il piacere sessuale che viene definito "sporco" o "impuro". è noto che il prepuzio sia la zona erogena per eccellenza e, asportandolo, il piacere verrebbe ridotto.

bene, ora che avete metabolizzato il tutto, non volete anche voi stare dalla parte di chi si oppone a questa mutilazione? ci sono discussioni sul fatto che sia "antigienico" non essere circoncisi. ma insomma, non ci hanno insegnato come pulirci? non ci hanno detto come pulirci le orecchie, tra le dita, in tutte le nostre fessure? col prepuzio non dovrebbe essere uguale?

perciò no, non c'è nessuna ragione medica per rimuovere la pelle del pene. inoltre, se sei un cristiano non dovresti credere in dio e nel fatto che lui ha progettato tutto nella sua gloria? o forse credi che abbia commesso un errore e si sia dimenticato di togliere il prepuzio così che noi dobbiamo perfezionare il suo lavoro? non credo...

ah, e lasciatemi dire che l'america è l'unico paese che pratica largamente la mutilazione sui propri ragazzi. è per facilitare il compito dei genitori che così non gli devono insegnare a pulire un'altra parte del corpo? o perché il sesso è immondo? un altro tabù che noi americani non amiamo come la morte? siamo l'unico paese che fa cose senza mettere in discussione le fonti. siamo veramente un gregge di pecore. non sappiamo dove stiamo andando, seguiamo soltanto solo quello che gli altri fanno.

non dubitiamo di persone le cui azioni non corrispondono alle loro parole. non vogliamo fare nulla che agiti le acque o metta a disagio qualcuno. beh, però tagliamo tutti i prepuzi di questo paese, nessun problema.

il pene umano è stato creato con un prepuzio per svariate ragioni. prima, per proteggerlo. se va a destra e a manca all'aria tra le gambe si fa male. il prepuzio è la prima linea di difesa per così dire. seconda, la più importante, il prepuzio ha un'innervazione fatta apposta per stimolare il pene. heilà, piacere! perché stiamo cercando di privare gli uomini del piacere? è per questo che molti di loro non sono soddisfatti, spingendosi sempre oltre per sentire qualcosa, hanno tendenze sessuali violente, consentendo all'industria del porno di andare fuori controllo?

questa è stata la loro prima interazione con il pene. ancora, partendo da un background americano a predominanza bianca – gli stati uniti sono anche il posto che ha sfornato più serial killer aggiungerei – non dovremmo forse pensare che il dolore sia andato a finire da qualche altra parte? dal momento in cui i bambini corrono e cadono, viene detto loro di "comportarsi da uomini, di non piangere". perché lo stiamo rendendo un compito duro essere giovani maschi? è per questo che sono così emotivamente inetti? e non sanno comunicare i loro sentimenti fino in fondo e devono prendere a pugni qualcosa? è per questo che lo sport è forma di conversazione e *modus vivendi* ampiamente accettato? aggressività, rabbia, gara a chi ce l'ha più lungo, e la lista potrebbe andare avanti all'infinto.

inoltre, ciò che accade a questi uomini non solo altera le loro vite sessualmente ma anche fisicamente. ci sono dei casi di peni storpiati. pendono verso sinistra o verso destra? verso il basso o verso l'alto? le erezioni fanno male? le operazioni malriuscite accadono spesso, e quello che stavamo cercando di fare era uniformare tutti quei piccoli peni perché nella società americana non possiamo essere diversi, e ora abbiamo deformato o malformato peni. ho sentito molta gente dire che non volevano che padre e figlio fossero diversi; ma insomma non possiamo discutere e dire a nostro figlio «tesoro, i genitori di tuo padre non sapevano che non c'era nessun motivo di tipo medico per fare questa operazione. facevano semplicemente quello che facevano tutti

19

all'epoca. al giorno d'oggi siamo più informati e non vogliamo alterare il tuo corpo o danneggiarti, o privarti di qualsiasi piacere». perché è così fottutamente difficile? (e vedrete cosa scriverò nei miei libri per bambini).

sfortunatamente, tra le tante ragioni, sembra che la prima sia di carattere estetico! per chi di voi forse non lo sa, una volta tolto il prepuzio, il pene è esattamente lo stesso. capite? la gente mutila i propri figli perché non gli piace l'aspetto che ha il loro pene. wow. quindi se non mi piacciono gli occhi castani di mio figlio dovrei cambiarli? perché è così accettabile alterare l'aspetto fisico di un altro essere umano? affinché tutti risultiamo uguali? ovviamente ci ho ragionato a lungo e ho anche intervistato svariati uomini e donne in merito.

gli uomini dicono che, crescendo negli spogliatoi, i pochi che non erano circoncisi venivano giudicati male e venivano bullizzati. perché alcuni ragazzini sono semplicemente degli stronzi. ma da adulti sono totalmente a loro agio, specialmente sapendo che sono avvantaggiati nel piacere sessuale. ah sì, e durano più di cinque minuti. immaginate di avere una sensazione talmente travolgente dentro di voi, che nemmeno la vostra vita riesce a riempire questo vuoto (del vostro cazzo mozzato) e finalmente ne avete un assaggio e ops. scusa. tutto torna. voi uomini dovete solo godervi di più i preliminari e capire che tutto migliora se gli dedicate più tempo.

le donne invece hanno avuto osservazioni variegate. sembra che gli piaccia senza prepuzio perché semplicemente è a questo che sono state abituate (o che hanno visto). ma quelle che hanno avuto esperienza di entrambe le versioni non hanno avuto alcuna lamentela riguardo al prepuzio. ma non si può sapere cos'hai o cosa ti manca. sfortunatamente la maggioranza degli uomini americani non saprà mai che cosa si perde e che tipo di piacere sessuale gli è stato tolto sin dalla nascita. tristemente, questo non può essere cancellato.

sono single, e allora?

quando sono stata single per circa un anno alla fine mi sono decisa e ho fatto tinder. non era qualcosa che avrei mai pensato di fare visto che preferirei incontrare qualcuno fisicamente piuttosto che online, ma vabbè. ero in messico. ma non voglio raccontarvi quella storia. quel tinder è la versione internazionale. solo alcuni la fanno oltre a me. no, ero ad atlanta. perché col cavolo che facevo tinder a raleigh.[1] mi conoscevano troppe persone. e così ho chattato con qualcuno, ma non avrei mai lasciato le mie signorine per uscire con qualcuno, e questo è quanto. ho incontrato però un signore sposato in una relazione aperta. avevo conosciuto soltanto un'altra persona che mi ha introdotto a questo mondo ed ero intrigata.

non ne ero incuriosita perché volessi essere coinvolta, ma non ne avevo mai sentito parlare e quindi non riuscivo a capacitarmi. come molti scettici, quando qualcosa di nuovo o fuori dalla norma viene presentato, lo si mette in discussione, lo si giudica e lo si rifiuta. ma poi quando ascolti e ti informi, la tua mente si apre. bene, ne ero interessata ma non volevo provarlo. il tipo che avevo incontrato continuò a scrivermi dopo che me andai da atlanta e nacque un'amicizia. era una specie di sciamano e in sostanza mi delineò il quadro della mia vita fino ad allora. disse che avevo dato e dato e ancora dato tutta me stessa a troppe persone e che ora sarebbe stato il momento di ricevere. ero totalmente d'accordo.

non potevo fare a meno di sentirmi in colpa per aver parlato con lui, anche se mi aveva detto di avere un matrimonio aperto e che sua moglie

---

[1] raleigh, capitale del north carolina, è la città in cui vive kendra. (N.d.T.)

voleva che lui parlasse con me. conversammo ancora per qualche tempo, ma continuavo a sentirmi a disagio, e poco dopo le nostre chiacchierate cessarono. ah e ovviamente cancellai l'account di tinder non appena misi piede a raleigh, e questo è quanto. ma una sera, mi venne voglia di rifarlo. trovai un abbinamento con un signore che mi invitò fuori per un drink. era un giovedì sera e ci incontrammo in un bar. ero lì lì per non andarci, ma sono una donna di parola e così mi presentai. dopo il primo drink e un'ottima partenza, ammise di aver pensato la stessa cosa, ma che era contento di avermi incontrato. poi mi chiese se volevo un secondo cocktail.

bevemmo il nostro secondo drink accompagnato da una bella chiacchierata e alla fine mi chiese che piani avessi e se ero libera. gli dissi che volevo solo passare del tempo con lui, ma che avevo fame e che una ragazza ha bisogno di mangiare. aggiunsi che non doveva pagare nulla ma che sarei comunque andata da *sitti* a mangiare del filetto di manzo (il posto delle mie mangiate di carne dopo le mie rotture). gustammo una buona cena con una bottiglia di vino e poi mi chiese se volessi continuare. «certo!», gli dissi. e ci spostammo in un altro locale. bevemmo un altro drink e mi domandò se avessi qualche vizio. gli risposi che qualche volta mentre bevo mi piace fumare. così andammo fuori a fumare una sigaretta. poi misero *black* dei pearl jam. «questa è una delle mie canzoni preferite», confidai, e lui: «ma chi sei tu?».

gli dissi che avevo un negozio lungo la strada e suggerii di andare lì ad aprire una bottiglia di vino dove avrei potuto leggergli il suo zodiaco oscuro (molto divertente da fare con una persona che hai appena incontrato). entrammo e spensi le luci (le teniamo sempre accese tutta la notte per la gente che vuole dare un'occhiata) e accesi portishead radio. sistemai dei mobili per sederci, leggere e aprire una bottiglia di vino. glielo lessi e ridemmo di gusto e poi ci fumammo un'altra sigaretta. tornammo dentro e lui lesse il mio. altri begli attimi, ma stavolta lui andò in bagno e io uscii a fumare ancora. due signori mi offrirono da accendere come un gentleman dovrebbe fare. uno di loro colpì accidentalmente il mio bicchiere e tutto il vino colò sul mio vestito. ma il vestito era fatto di neoprene come quelli dei supereroi e il vino scivolò giù. i due tipi erano sbalorditi.

in quel momento il mio uomo uscì dal negozio e trovò me e i due ragazzi a ridere sul marciapiede. chiacchierammo tutti assieme e poi li invitai dentro per leggere il loro zodiaco oscuro. ridemmo ancora, parlammo e bevemmo dell'altro vino, e l'ultima cosa che ricordo è di essermi svegliata con una telefonata. erano le 10.15 del mattino, figuratevi che avrei dovuto aprire il negozio alle 10. era un signore che avevo servito il giorno prima. saltai su, mi occupai di lui, controllai l'area e tornai alla mia sedia gigante su cui avevo dormito. chiusi le porte, misi al sicuro l'edificio e me stessa e osservai la scena.

c'erano quattro bicchieri di vino, quattro bottiglie, cera di candela rovesciata per terra vicino al *darkside zodiac* di stella hyde[2] e lanterne tutte intorno. che nottata. alle 10.30 mi telefonò un altro signore che avevo servito il giorno prima e andai ad aprirgli la porta. mi risistemai sulla sedia e alle 10.45 ricevetti un'altra chiamata. era un ragazzo che diceva di essere uscito con me e che aveva localizzato il suo telefono. già! ci ero seduta sopra. fu allora che decisi che dovevo svegliarmi e aprire il negozio. andai in bagno, mi lavai i denti e quando uscii dal bagno la mia collega apparve sbottando: «aspetta, ma quello lo avevi indosso ieri!». confessai i miei peccati e le dissi che non avrei dovuto farlo, ma che sarebbe stato ancora peggio se lo avesse fatto lei.

grazie al cielo sono proprietaria di un negozio di vestiti e potei cambiarmi. ovviamente i dettagli erano un po' vaghi e così mi disse soltanto: «chiedi al tipo di tinder». perciò lo contattai: «quindi te ne sei andato?». la risposta fu: «beh, quando sei uscita dal ripostiglio con l'altro tipo, non mi è sembrato il caso di restare». la mia bocca era spalancata. impossibile, non lo avrei mai fatto. saltai su: «impossibile, non farei mai una cosa simile». ma disse: «sì, è stato un po' imbarazzante per me e il suo amico». «oh cazzo, mi dispiace tantissimo», risposi, e lui: «tranquilla, non mi devi nulla, ci stavamo solo divertendo molto, mi dispiace sia finita così». a questo punto avevo realizzato che avevo coinvolto due uomini nel nostro appuntamento...

---

[2] non esiste l'edizione italiana di questo libro. la traduzione in italiano sarebbe *il lato oscuro dello zodiaco*. (N.d.T.)

in quell'istante mi accorsi anche di aver dimenticato (a causa dell'imprevista serie di eventi della sera prima) che avevo un pranzo con un amico che veniva da fuori. siamo amici da vent'anni e abbiamo lavorato insieme da banana republic. ora è una specie di sciamano itinerante. tiene corsi di dottorato, insegnando yoga e *mindfulness*, portandosi appresso una valigia con una quarantina di vestiti, senza tetto per scelta, ma in viaggio per il pianeta terra, vivendo una vita piena e viaggiando da un monastero all'altro. è stato lui a placare la mia follia, un uomo così sereno, la cui pace interiore ha toccato la mia vita negli ultimi anni, che non potevo fare a meno di sentirmi schiacciata dalla sua energia. mi parlò con grazia e amore e riprendemmo da dove avevamo lasciato la conversazione qualche anno prima. sembrava sempre più saggio e condivise la sua luce e la sua esperienza con me durante il pranzo.

il nostro incontro passò in fretta ma fu abbastanza pieno da rallentare il tempo. ma era ora di ritornare al lavoro. dovetti correre in banca, ma non volevo perdermi l'occasione di parlare al tipo che sarebbe dovuto venire a riprendersi il telefono dalla sera prima. infatti dissi alla mia complice di non lasciarlo andare via se fosse venuto quando non c'ero. ero ancora un pelino confusa riguardo agli eventi della sera prima e lei mi consigliò nuovamente di chiedere a lui ulteriori dettagli. così tentai ancora di riempire i vuoti. domandai: «potresti per favore illuminarmi in merito a quanto è successo la scorsa notte, perché è chiaro che non riesco a ricordarmelo». al che lui rispose: «con tutto il rispetto kendra, vuoi che ti dia i dettagli di come hai pomiciato con un uomo al nostro appuntamento?». la mia unica risposta fu: «ops». da quel momento mi bloccò.

quasi contemporaneamente fui informata che l'altro tipo della sera prima era arrivato a riprendersi il cellulare. mi avvicinai e gli chiesi a bassa voce: «che cosa è successo esattamente ieri sera?». «ti mando un messaggio», mi fece. il messaggio recitava così: «ricordo soltanto di aver limonato con una bella donna, nella fattispecie tu, per ore. quando sono andato via, il sole stava sorgendo e gli uccellini cinguettando». quando lessi queste parole collegai tutti i puntini nella mia testa e il ricordo di tutto quello che era successo riaffiorò. ecco cos'era successo. e ora aveva trovato conferma, kendra single è pericolosa…

il vortice

quella breve esperienza mi condusse al mio fine settimana, in cui continuai a essere single e a trascorrere del tempo con le mie amiche con cui feci una cena seguita da serate danzanti il venerdì e sabato. domenica dovevo lavorare, al tempo non lavoravo regolarmente di domenica. e normalmente non vado in macchina a lavorare, ma quella domenica presi la macchina perché dovevo volare a yoga prima di incontrare un mio amico venuto da oltreoceano. un altro amico che conosco da 20 anni. appena aprii la portiera, iniziò a piovere. dissi tra me e me: "bene, oggi sarà un mortorio" (nessuno fa compere quando piove).

entrando nel negozio, parlai con il mio tirocinante che stava aiutando madre e figlia ad ambientarsi perché non erano mai state nella nuova location. e stavano – udite udite – comprando! (alla gente piace guardarsi attorno, ma non si prende più il tempo per provarsi i vestiti e comprare, e questo mi rattrista). in questo momento felice entrò un'altra cliente che era venuta il giorno prima con il fidanzato ed era tornata da sola per fare altre compere. ero estasiata! pensare che sarebbe stato un giorno morto con pochissimi clienti ed ecco che ora c'erano tre donne (le donne comprano meno degli uomini di questi tempi) pronte a farsi assistere e a provare vestiti e spassarsela.

appena finito con il duo madre figlia, aiutai l'altra cliente del giorno prima che si stava provando dei vestiti nel camerino. era stata nel mio negozio precedente e avevamo avuto un momento di commozione assieme (cosa che mi capita spesso con i clienti) e comprò il mio primo libro. stavamo parlando attraverso la tenda (cosa che amo fare) della vita e io a un tratto accennai al mio numero della vita. le dissi che ero un 8 e lei mi rispose «lo capisco perfettamente». le chiesi cosa significasse perché anche se avevo individuato quale fosse il mio numero non avevo mai cercato che cosa volesse dire. mi disse di informarmi.

ero sbalordita (dovreste farlo ora, sommate ogni singola cifra del vostro compleanno e scoprite qual è il vostro numero – divertente da fare anche con qualcuno che avete appena conosciuto). comunque, dopo quella cliente la mia giornata andò alla grande. ogni persona che entrava nel mio negozio era un cliente nuovo. e si stavano tutti unendo in gruppo! l'energia che scorreva potente tra me e gli altri era magica e confortante. mi venne da piangere varie volte e le lacrime furono seguite da un'estrema gioia, ma improvvisamente questa sensazione diventò sempre più grande. con ogni interazione, il cuore mi si riempiva di gioia, quasi fino a scoppiare.

questo è l'unico modo in cui riesco a descrivere quella sensazione. e sono una donna dalla parola facile. continuavo solo a dire «non riesco, non riesco, non riesco» perché non mi veniva in mente nessuna parola per descrivere questa travolgente sensazione di amore e gioia. raccontai alla gente che il mio cuore era così pieno di amore che se una piuma lo avesse sfiorato sarebbe esploso in milioni di particelle magiche e fatate su tutta raleigh. mia figlia mi chiamò durante questa esperienza e mi chiese se avessi preso qualche pasticca perché le sembravo matta (rivelazione – non ho mai avuto nulla di estraneo nel mio corpo).

in quel momento chiamò il mio amico di banana republic e mi chiese se poteva passare in negozio. al suo arrivo, gli domandai se lui avesse qualcosa a che fare con questa sensazione che provavo. mi disse che era tutto l'amore che avevo profuso nell'universo nel corso della mia vita che ora mi stava tornando indietro. era tutto merito mio. gongolavo. passò il resto del pomeriggio con me, un'oretta circa e suggerì che invece di correre a fare a yoga facessimo un po' di meditazione al parco. non sapevo cosa fosse. non avevo mai meditato prima. e così mi guidò in un esercizio di respirazione, fisico e di luce.

mi sembrava di respirare per la prima volta. anche se avevo iniziato a fare yoga da un anno o due e avessi cercato sempre di "trovare il mio centro" non ci ero mai riuscita. così, per la prima volta nella mia vita stavo respirando veramente, percependo l'aria che entrava nelle narici, sfiorava la gola, scendeva nella trachea e finiva nei miei polmoni che si riempivano di ossigeno. ancora e ancora. sentivo il mio petto alzarsi e abbassarsi. ho persino sentito il sangue scorrere nelle mie vene per la prima volta – letteralmente il calore, il flusso. per finire, mi fece fare un esercizio di luce. immaginate questa palla di luce che emerge dal vostro corpo e illumina tutto e alla fine fuoriesce e si getta nell'universo, in una vasta e immensa luce che copre tutto.

so che può sembrare che avessi assunto qualcosa, ma sul serio, ero solo al settimo cielo. quando aprii gli occhi, mi sembrava di vedere per la prima volta. le foglie degli alberi erano così verdi e il cielo era del blu più blu che avessi mai visto. e l'aria che sfiorava il mio viso lo stava come accarezzando. i miei sensi erano amplificati, ero in un'estasi totale. condivisi la mia esperienza con lui che mi sussurrò delle semplici parole. «kendra», disse, «tutte queste cose sono sempre state qui. l'unica a essere cambiata sei tu. sei solo diventata cosciente». mi disse anche che questa sensazione non sarebbe durata in eterno e che avrei dovuto imparare a incanalarla e chiedere di più all'universo. questo era il *vortice*. nello stesso momento il mio amico che veniva da oltreoceano mi scrisse e mi disse che era già a casa mia.

ora dovevo muovere il mio corpo, mi sembrava che le mie caviglie di bimba fatte di delicate ossa si potessero polverizzare come guscio d'uovo, ma il mio amico sciamano mi spiegò che dovevo fare un passo alla volta. mi sentivo come un bambino che impara a camminare per la prima volta. percepivo le dita a una a una, il tallone, le punte, le caviglie, le gambe e le mie braccia di nuovo per la prima volta. ora dovevo guidare. capite la difficoltà. era tutto davvero nuovo. esternai tutto l'affetto al mio amico, lo ringraziai per avermi illuminato e tentai di fare in fretta (assaporando ogni momento sia chiaro), guidando dall'altro mio amico che mi stava aspettando per imparare a camminare di nuovo.

quando arrivai a casa con cinque minuti di ritardo ero ancora avvolta da quella sensazione di estrema gioia e calma e cercai di spiegare la situazione al mio amico che mi aveva aspettato. meno male che mi conosceva da 20 anni altrimenti mi avrebbe preso per una matta. stavamo andando in un bar a vedere *il trono di spade* e lungo la strada incontrai delle persone che conoscevo. le abbracciai e raccontai loro una breve sinossi (anche se è impossibile) di questa giornata e anche loro mi guardarono come si guarda un pazzo. una volta giunti a destinazione, avevo fornito tutti i dettagli al mio amico ed espulso tutto dal sistema. o almeno credevo.

incrociai altre persone che conoscevo e cercai a parole di spiegargli quella sensazione travolgente del mio cuore pieno di gioia, ma mi zittirono e mi dissero di andarmi a fare un bicchiere. lo sapevo che sembravo eccessiva ma non riuscivo a contenere quella sensazione. pensai che l'unico modo per calmarmi fosse chiudere il becco per un'ora e guardare *il trono di spade*. mi servì tutto il mio autocontrollo per sedermi in silenzio, ma ci riuscii. *il trono di spade* ti aiuta molto in questi casi. poi il mio amico e un amico di un altro ragazzo dalla germania iniziarono a parlare in tedesco e tutti sembravano in sintonia. mi chiesi se la pace interiore fosse fatta così.

a un certo punto della conversazione, avevo individuato i numeri della vita di tutti e condiviso le informazioni salienti. conversammo fino a notte fonda e quella mattina era il 7.17.17[3] (un numero palindromo, poi i miei numeri preferiti sono sempre stati il 7 e il 17 e il mio numero è l'8. la numerologia è un fatto signore e signori…).

l'indomani io e mia figlia dovevamo partire per londra. mi disse di non parlare con nessuno all'aeroporto perché sembravo una matta e temeva che non ci avrebbero fatto imbarcare. fortunatamente sono in grado di darmi un contegno e arrivammo a londra. un'altra storia fantastica, ma la migliore deve ancora venire…

---

[3] si è scelto di mantenere la data inglese poiché solo questa è palindroma; la data italiana sarebbe 17/7/17. (N.d.T.)

lungo il sentiero dell'illuminazione

da quel momento in poi la mia missione fu quella di informare le persone sul loro numero della vita. e gli abbracci. lo sapevate che vi servono quattro abbracci al giorno per sopravvivere? otto al giorno per stare bene e dodici per crescere? prosperate o sopravvivete e basta?! una volta venuta a conoscenza di questo dato, abbracciavo tutti in continuazione. non che fosse spontaneo per la mia natura, ma lo interpretavo in maniera totalmente nuova. anni prima, quando ero al corso di psicologia al college, ricordo di un esperimento che fu fatto negli anni '40 in un orfanotrofio in cui i bambini venivano nutriti, lavati, cambiati, in sostanza avevano tutto ciò che di materiale necessitavano ma niente amore e affetto o parole dolci o contatto visivo con il personale. tutti quanti morirono. tutti.

questo esperimento inquietante dovrebbe scuotere le coscienze di tutti gli uomini di questa terra. noi, come umani, abbiamo il bisogno di essere amati. toccati e abbracciati. è così che si costruisce la capacità empatica nei primi anni di vita ed è così che riusciamo a sopravvivere e a prosperare – con l'amore! nel corso della mia ricerca sugli abbracci condotta su tutte le persone che ho incontrato, è stato scioccante apprendere che nessuno riceveva più di quattro abbracci alla settimana! che tristezza! non c'è da stupirsi se siamo così spaesati, tristi, depressi, soli, ansiosi. non riceviamo abbastanza amore! per coloro che non ricevono sufficiente amore, ripromettetevi di raggiungere 12 abbracci al giorno. scommetto che la vostra vita cambierà di netto. per non parlare della vita degli altri. provateci...

immersa nel mio viaggio di abbracci alla nazione, mi resi conto che stavo iniziando a esaurire la mia fonte di energia. cominciai a essere più selettiva negli abbracci. non mi ero resa conto che dando così tanto amore, dimenticavo di darne a me stessa. serve molta energia per salvare l'universo. comunque, uno dei modi per amare me stessa erano le lezioni di hot yoga. al tempo facevo undici lezioni a settimana. era il mio massimo. alla peggio ne facevo quattro, la media era di sette. ovviamente pensavo che fosse uno dei modi migliori per ridare tutto l'amore a me stessa, attività fisica, concentrazione, riposo, riflessione.

facevo yoga ormai da qualche anno e un giorno, dopo la lezione, decisi di provare a fare la verticale. non che mi fossi allenata, ma volevo darmi una chance. alla fine, per la prima volta, ce la feci. ero leggera come una piuma, fluttuavo, è stata una delle sensazioni migliori che abbia mai provato. ma poi accadde qualcosa di strano. iniziai a pensare. stavo per cadere all'indietro e il mio collo si stava piegando e piegando ancora, e poi crack. cazzo, cazzo, cazzo. mi sdrai per un minuto e mi portarono del ghiaccio. mi alzai, sentivo che c'era qualcosa che non andava. andai da un chiropratico e si scoprì che avevo una rottura a tre legamenti del collo.

e quello fu l'inizio della relazione con il mio chiropratico. sono tre anni ormai che ci vado ogni tre settimane. è affascinante come tutto sia collegato tra il tuo corpo e la tua mente. c'è una saggezza che noi tutti possediamo all'interno del nostro prezioso sistema ed essere sintonizzati e "tarati" per così dire è indispensabile per il nostro successo. così ho aggiunto questo trattamento alla mia routine mensile. è come tagliarsi i capelli alla fine. anche il vostro corpo ha bisogno di amore.

in mezzo a tutto questo amore che ho dato e ricevuto nel corso degli ultimi anni, ho realizzato che la persona più importante da amare sono io. più imparo a conoscermi, più potrò rendermi onore e conoscere il mio valore. nessuno ci amerà mai come possiamo farlo noi ed è ciò che ho deciso di fare. ho deciso che avrei fatto il cavolo che mi pare, quando lo volevo. iniziai a darmi degli appuntamenti. ho fatto fatica a dedicare del tempo a qualcuno durante questi momenti. perché sono una donna di parola, e se dico che faccio qualcosa, la faccio. così sono rimasta sul vago. "forse", "ti faccio sapere", "vediamo" erano frasi che avrei usato ogni volta che non ero sicura per rimanere leale a me stessa.

ho anche iniziato a camminare molto. con nessuna direzione precisa e nessuna specifica cognizione di dove sarei andata o di che cosa avrei fatto. era soltanto piacevole stare a vedere dove la terra mi avrebbe portata. a volte passavo ore a camminare e pensare, talvolta incrociavo degli amici o degli estranei e facevo delle gran chiacchierate. e siccome ero da sola, potevo mollare tutto quando sentivo l'esigenza di stare da sola di nuovo o di procedere. da sola ho imparato a dare ascolto a me stessa e a ciò che volevo. era la prima volta nella mia vita che mi prendevo cura di me. altra novità per me. anteporre le mie esigenze per una volta. era magnifico. stavo investendo in me stessa. e quando riversi così tanto amore su te stesso, attiri l'amore che desideri e meriti.

di certo non ero mai stata pronta a farlo prima di allora. era necessario che accadessero tutte le cose che mi hanno portata a questo punto per raggiungere questa coscienza – il tempismo è tutto. quando penso a tutti i rapporti che ho avuto e a quando sono nati e a come le cose sono evolute e finite, c'era sempre di mezzo quel divino tempismo.

dono degli dei

era tempo di fiera. c'era un turbinio di meraviglie alla fiera e la mattina dell'ultimo giorno ricevetti un messaggio da un rappresentante che io e la mia collega avevamo conosciuto il febbraio precedente alla fiera di chicago. il giorno prima del nostro incontro io e la mia partner stavamo camminando velocemente lungo i corridoi e una con indosso dei pantaloni di vernice neri si stava avvicinando. beh, è una cosa divertente solo perché la mia socia indossava degli stivali in vernice lunghi fino al ginocchio. ovviamente appena si notarono sorrisero e si pavoneggiarono nei lori capi verniciati, si fecero una foto e proseguimmo oltre.

l'indomani, il tipo che condivideva lo stand con la signora che si era fatta la foto con noi le disse di invitarci dentro. entrammo e fui subito sopraffatta dalla quantità più incredibile di pattern di camicie che avessi mai visto. era strano perché i motivi non mi hanno mai attratto più di tanto. anche la mia collega era sorpresa. il signore ci spiegò che il designer aveva fatto il mit e che ogni pattern aveva un algoritmo. mi disse che avevano cravatte e gemelli simili. quando ho dato un'occhiata ai gemelli, mi sono innamorata. erano ingranaggi di orologi. mio marito adorava gli orologi. avevamo 37 orologi di tutti i tipi a casa nostra. (so il numero preciso solo perché a mia figlia in seconda elementare era stato assegnato il compito di contare gli oggetti in casa nostra – tavoli, sedie, orologi, ecc. e l'ora legale fa schifo). il motivo per cui ero così attratta da questo brand era perché mi ricordava lui.

ebbi un momento di commozione, piansi e tornai a fare shopping. facemmo un ordine e riprendemmo la nostra camminata dopo questa breve interazione con queste due nuove splendide anime. va bene, torniamo alla storia originale. era agosto ed eravamo a las vegas. il rappresentante ci chiese dov'eravamo e ci disse che eravamo le sue preferite. risposi che eravamo per strada. quando arrivammo allo stand lo abbracciammo e iniziammo a parlare. ma poi sentii una voce dietro di me che mi chiese «quanto sei single?». mi voltai verso quest'uomo affascinante e risposi: «sono single al 100% e prendo te e tuo fratello».

era metà libanese, metà francese, alto, moro, affascinante e aveva i più begli occhi e il più bel sorriso del mondo e le fossette. mi chiese se poteva abbracciarmi e gli dissi «assolutamente». parlammo di lui, del suo brand e del mio, ed esclamò: «o mio dio sei tu. quella del libro. quella che ha perso il marito per un cancro». confermai e mi mostrò una foto di una maglietta con delle specie di righe rosse e nere che recitavano "f#ckcancer"[4] e "lo sconfiggeremo". anche loro avevano raccolto denaro per la ricerca contro il cancro, oltre un milione. mi chiese se mi poteva abbracciare di nuovo, lo lasciai fare. ah e ho detto che sa vestire? anche lui era uno scorpione e compiva gli anni il giorno dopo il compleanno di mio marito, e il significato del suo nome, che è anche il nome del suo brand, dà il titolo a questo capitolo.

dopo aver fatto un ordine, mi invitò a cena. gli risposi che avevamo un appuntamento con un altro rappresentante e che sono una donna di parola e non potevo mancare alla promessa. mi disse che mi rispettava ancor di più, poi mi chiese il numero di telefono e io salvai il suo sotto "amore della mia vita". ebbene, ero cotta. comunque mi promise che avremmo trovato il modo di parlare di nuovo. mi disse che anche se sapeva che avevo molto lavoro, voleva tornare ad abbracciarmi, tipo ogni trenta minuti. non ero del tutto convinta, però camminando verso le nostre rispettive direzioni, mi intrufolai nello stand per dargli un bacio sul collo. lungo la strada verso l'uscita incontrammo due dei suoi clienti che conosceva da anni e la moglie di uno dei due signori mi confessò: «non solo è bello fuori ma ha anche un cuore d'oro». mi bastava sapere questo.

prima di presentarci all'appuntamento, il rappresentante con cui avremmo dovuto cenare mi disse che non avevamo mai preso accordi

---

[4] in italiano sarebbe "vaffa… al cancro". (N.d.T.)

irrimandabili e che sarei dovuta uscire con il ragazzo che mi aveva fatto andare in brodo di giuggiole. e così gli scrissi immediatamente facendogli sapere che ero libera per cena. ero emozionatissima. non mi agito spesso per un uomo. mi preparai in fretta dopo lo spettacolo e presi un uber per non fare ritardo (sono pesci, sono sempre in ritardo o, come mi piace dire ultimamente, "arrivo esattamente al momento giusto"). l'autista mi venne a prendere, fece un'inversione a u ed eravamo già arrivati. stava praticamente a fianco al nostro hotel.

mi venne incontro e mi disse che anche se voleva portarmi a una cena romantica, tutti i suoi parenti gli avevano detto che non mi avrebbe avuta tutta per sé e che sarebbero venuti anche loro; avrei incontrato sua madre. era andata a trovarlo e lui le aveva detto tutto sul mio conto, solitamente non presentava le sue conoscenze alla madre ma io ero speciale e così accettai. conobbi qualche suo amico e cliente e poi sua madre. camminammo a braccetto e mi chiese che cosa avrei voluto fare per il mio compleanno. accennai a tokyo e mi spiazzò dicendomi «facciamolo». corressi il tiro e dissi italia, il mio paese preferito di sempre.

arrivammo davanti al ristorante. devo ammettere che rimasi un po' delusa. con tutti i ristoranti fantastici di las vegas andiamo proprio in questo? sono una viziata alimentare. ma nulla importava perché ordinammo cibo per dieci e tutto il tempo era come se ci fossimo solo noi due. mi raccontò la storia della sua vita. e non poteva crederci che mi stesse svelando così tanto. mi stava raccontando informazioni che nessuno sapeva di lui (tendo ad avere questo effetto sulla gente). uscimmo dal ristorante e mi ritrovai a giocare a *cornhole* –[5] non il mio forte. ed eccomi qui, nel mio outfit preferito coi tacchi alti, a giocare. feci schifo, ma mi divertii. dopodiché tornammo da lui.

avevo mal di gola prima che la iniziasse la cena e avevo preso una *emergen-c*[6] al ritorno. gli stavo dando filo da torcere col bere, poi suo fratello mi avvisò che la vitamina c mi avrebbe tenuta sveglia tutta la notte, ma lo ignorai e continuai a bere. nel mentre parlammo di affari.

---

[5] il significato letterale di *cornhole* è "buco di mais". Il *cornhole* è un gioco a squadre che prevede il lancio di un sacchetto di stoffa riempito con dei chicchi di mais su una piattaforma di legno verso un foro del diametro di 15 cm. (N.d.T.)

[6] *emergen-c* è un integratore di vitamina c. (N.d.T.)

a poco a poco tutti andarono a dormire finché non rimanemmo solo noi tre e alla fine dissi: «mi sa che devo andare». mi accompagnò verso l'uscita e a quel punto mi afferrò la testa e iniziò a baciarmi. porca vacca. continuò per molti minuti e mentre spiravamo amore baciandoci per le strade di las vegas, ci fermammo e tornammo dentro nella hall. desiderava invitarmi nell'appartamento ma rifiutai perché ovviamente non volevo limonare con sua madre affianco.

decidemmo che la lobby non era adatta come l'esterno e così tornammo fuori. dopo un bel po' di minuti passati ad abbracciarci e ad avvinghiarci mi spinse via e mi disse di andare. gli dissi che non avevo ancora finito con lui. così lo invitai da me. ma lui mi rispose che mi avrebbe probabilmente violentato. lo redarguii, forse era per una differenza culturale o una barriera linguistica, ma non poteva dire cose del genere. a parte che non glielo avrei mai permesso. lo volevo invitare da me per fare sesso, ma avremmo potuto fare benissimo altre cose che era meglio non facessimo per strada. mi diede un no secco, dicendo che era meglio se andavo e che voleva una cosa seria, non di una notte. sono passati degli anni ma il rapporto di amicizia resiste ancora.

rivoluzione femminile

credo sia arrivato il momento di parlare di libertà sessuale. da donna, so che si tende a pensare che se una fa sesso con più di una persona sia una sgualdrina. mi permetto di dissentire. nonostante abbia avuto tre relazioni importanti per la maggior parte della mia vita, della durata di sei-sette anni ciascuna, non solo mi sono resa conto di essere una monogama seriale, ma ho anche capito che quando ero da sola mi è sempre piaciuto fare sesso. e solo perché ero single non voleva dire che non potessi fare sesso. è chiaro che dev'esserci una connessione con la persona in questione, ma mi comporto un po' da ragazzetta ingenua quando si stratta di approccio fisico. mi aspetto decisamente che l'uomo faccia la prima mossa.

quindi, tornando al ragionamento, solo perché sono single non significa che non farò sesso. e poi ho pensato: "non vuol dire forse questo amici con benefici?". insomma, sono attratta dagli uomini e se ho una conversazione interessante o c'è della chimica con un amico o una nuova conoscenza, non è giusto che io esplori quel terreno? sono forse l'unica a cui piace questa condotta? non è naturale sentire le farfalle nello stomaco o della semplice attrazione e agire? da adulta, una single adulta, sono capace di fare distinzioni anche sapendo che la persona con cui sto conversando non è "l'unica, la sola", ma potrebbe esserlo per una notte o per varie ed eventuali notti a venire?

se voglio fare sesso con qualcuno è perché quella persona ha un significato per me, abbiamo una connessione. siamo tutti connessi anche dal punto di vista energetico, e quando un uomo introduce sé stesso in una donna o qualsivoglia essere, c'è uno scambio di energia. è come se noi donne fossimo una presa elettrica e gli uomini "inserissero la spina nella presa, cioè noi". e quello scambio di energia è giusto e sano e conduce a un'esplosione (si spera da ambo le parti). non c'è nulla di sbagliato in questo comportamento. e specialmente quando si comunica onestamente e con rispetto e quando il sesso è sicuro e consensuale, cioè quando entrambe le persone sanno che cosa succede, è tutto positivo. fare sesso non implica per forza una relazione.

dipende tutto dal volere di ciascuno. so che negli ultimi anni il mio cuore non mi ha permesso di stare con qualcuno a quei livelli. soltanto da poco sono guarita dal passato per poter avere una relazione stabile con qualcuno. e siccome sono un essere speciale (come lo è ciascuno di noi) ho bisogno di una persona che sia favolosa tanto quanto me (perché voglio e merito un mio pari) per avere una relazione seria…ma questo non vuol dire che mentre aspetto quella persona speciale io debba essere casta. e chissà, magari un giorno vorrò esserlo. perciò, nel tentativo di mantenere un rapporto sano e sereno con me stessa, ho delle significative e oneste connessioni con le persone con cui parlo apertamente.

finché tutti sono sulla stessa lunghezza d'onda e si è d'accordo, tutto va bene. se non è così, o i sentimenti cambiano, allora è d'obbligo un chiarimento. non mi è mai capitato a dire il vero, perché con ogni uomo sono stata sempre onesta e continuo a esserlo. non voglio niente di serio con quella persona, ma è piacevole frequentarsi, fare delle cene o degli aperitivi, andare a ballare, e prima o poi anche andare a letto con qualcun altro. soprattutto perché siamo connessi e teniamo genuinamente l'uno all'altra. e per questo motivo non metterei mai a rischio la loro salute o la loro sicurezza, perché appunto tengo a loro.

quindi invece di fare del sesso inutile e delle conversazioni inutili, perché non trovate delle persone con cui legare e godere della loro umanità e del loro amore? dovrebbe essere il nostro scopo. ci priviamo di esperienze straordinarie e arricchenti. e dicono che non hai mai conosciuto un estraneo prima di conoscerlo. non è strano come talvolta entri in connessione con certe persone così facilmente? come se le avessi conosciute prima? forse in una vita precedente? ci sono una miriade di persone che ho conosciuto nella mia vita precedente. so che sembra assurdo, ma ho raggiunto questo stato mentale solo recentemente. è tutto nuovo ed eccezionale per me. vi invito a unirvi…

la rottura

l'altra faccia di un rapporto è la rottura. è stato proprio il giorno prima che mia figlia partisse per il college che ho realizzato che eravamo a un punto di rottura. stavamo litigando per delle cazzate davvero inutili, il tipo di cose per cui litighi quando stai per lasciarti con qualcuno. alla fine di una lezione di yoga, mentre mi stavo rilassando nella posizione savasana, scoppiai in lacrime. non riuscivo a trattenermi e così uscii dalla stanza e buttai tutto fuori. piansi per una quindicina di minuti e poi tornai dentro a meditare per altri trenta minuti. ora sapevo cosa avrei dovuto fare, andai a casa e dissi a mia figlia che dovevamo parlare.

mi guardò come se qualcuno fosse morto e pensai tra me e me "in qualche modo siamo morte noi". le presi le mani e la guardai dritta negli occhi e dichiarai: «ti amo più di ogni altra persona in questo universo, ma stai facendo a pezzi il mio cuore e distruggendo la mia anima e non posso più sopportarlo. e tutto quello che voglio è aiutarti ma sto fallendo miseramente. quindi ti lascio, ma possiamo rimanere amiche. sarò sempre tua madre, come lo sono sempre stata e ci sarò sempre come ci sono sempre stata, ma non posso più accettare questa situazione». ci fu un attimo di silenzio e poi mi guardò e mi disse: «è tutta colpa mia. sono stata una stronza. scusami», e ci abbracciammo. volevo strizzarla a morte e dirle «cazzo se lo sei stata», ma invece la strinsi fortissimo con amore.

in seguito a quella conversazione, il suo linguaggio cambiò immediatamente nei miei confronti. mia madre (tra gli altri) mi chiese se l'avessi cacciata di casa. «no», risposi, «dovevamo solo lasciarci a parole». credo che molti genitori rompano fisicamente con i loro figli quando vanno all'università, mentre io non volevo che passassimo dei brutti momenti prima che lei partisse e volevo semplicemente parlarne prima che mi lasciasse per qualche mese. volevo avere un rapporto grandioso con mia figlia. perciò discutemmo e affrontammo il problema prima che partisse per l'università. ovviamente ebbe qualche momento in cui tornò stronza come prima, ma avevamo ormai dato avvio alla transizione del nostro rapporto. se lo paragonate a un cerchio, un ciclo, noi stavamo per chiuderlo.

stava passando dall'adolescenza all'età adulta. era il momento di cambiare la nostra comunicazione. e per non rompere definitivamente con mia figlia, abbracciammo il cambiamento e lasciammo andare il passato per poter andare avanti. tutte le relazioni dovrebbero progredire. è quando stanno ferme o regrediscono che non ti servono più. vorrei averlo saputo nelle mie precedenti relazioni, ma non ero ancora avveduta. sono contenta che io e lei siamo arrivate al punto in cui siamo, ne avevamo entrambe bisogno.

ammiro le persone che sono state sposate o che hanno convissuto per anni e fortunatamente riconoscono che sono entrambe infelici e, nonostante amino il partner, capiscono che la relazione non apporta più benefici e alla fine si lasciano. siamo fatti per lasciar andare. è un atto che richiede forza. è più facile rimanere. ma non si sta solo prolungando l'inevitabile? e non sarebbe stupendo salvare la meravigliosa amicizia che si ha con qualcuno che si ama prima che diventi amara, prima che si tradisca, prima che uno comprometta totalmente sé stesso nel tentativo di adeguarsi in un rapporto che rende rancorosi e arrabbiati?

nota a margine. ho letto da qualche parte che se uno vive nel risentimento e nella rabbia, vive nel passato. se invece vive nella paura e nell'ansia, vive nel futuro. quando sei nel presente, vivi nella beatitudine. perché quello che è successo è successo. e quello che non è successo non è ancora successo. potrei camminare per strada stasera ed essere investita da una macchina e morire. ma il presente, il maledetto presente è l'unica cosa che abbiamo. il qui e ora. e la maggior parte degli eventi negativi in una relazione accadono quando siamo concentrati sul futuro o ci ancoriamo al passato, ed è lì che mandiamo tutto a puttane.

comunque, tornando a mia figlia e alla nostra rottura. quella conversazione era necessaria, ma ciò non vuol dire che non ne avremo più. cresciamo continuamente e impariamo l'una dall'altra come comunicare efficacemente perché vogliamo avere entrambe un bel rapporto. talvolta assumiamo queste abitudini che richiedono tempo per essere spezzate. pensate che ci vogliono 66 volte (credevo 40) per rendere qualcosa un'abitudine. quindi questo significa altre 66 per romperle? e ora immaginate di applicare questo schema in tutti i campi della vostra vita. allenarvi, smettere di bere, non reagire male davanti a ogni situazione. dovete essere diligenti, dovete impegnarvi, lavorarci su, prenderne coscienza, ma poi dovete agire.

inspira ed espira

e per farlo dovete respirare. strano come qualcosa di così semplice, che facciamo sovrappensiero tutto il giorno, se fatto con concentrazione e coscienza farà la differenza nella vostra vita. sembra stupido, ma vi prometto che se prestate attenzione al vostro respiro, la vostra vita cambia magicamente. tutti respiriamo, però in certe situazioni inspiriamo e tratteniamo il respiro. non esaliamo. la maggior parte della gente inspira ma dimentica di espellere quell'energia che ha incamerato. le persone lo dimenticano, ma siamo fatti per rilasciare, per lasciar andare, siamo progettati così. c'è un flusso e un riflusso in tutto. pensate al respiro, all'oceano, all'espulsione dei rifiuti nel vostro corpo, alle lacrime, a un orgasmo. vi siete mai resi conto che più tratteniamo qualcosa più diventa tossico? siamo qui per un fine. specialmente se si tratta di relazioni interpersonali (e non sto dicendo che non dobbiate sforzarvi per mantenere una relazione) e le cose diventano complicate quando dovrebbero essere facili e naturali. se avete dei problemi sin da subito, andatevene. i primi tre mesi si conoscono comunque i difetti dell'altro. non cerchiamo di comportarci al meglio per attirare l'altra persona?

ebbene il segreto è che tutto ciò che fate all'inizio traccia il sentiero per tutto ciò che viene dopo. se fingete e non siete voi stessi, state raggirando l'altra persona. molto contorta la cosa. e di conseguenza state fregando voi stessi. dovreste essere voi stessi sin dall'inizio e se all'altra persona non piacete per come siete, allora non siete quello giusto. non perdete del tempo e non convincetela a stare con voi. capite com'è malata la cosa? dovreste essere il più naturale possibile come gli altri dovrebbero esserlo, e se va, perfetto, se non va, pazienza. vivi e lascia vivere...

in questo viaggio che è la vita ho conosciuto il mio *dosha*. il *dosha* è una delle tre sostanze presenti nel nostro corpo secondo l'ayurveda, la medicina tradizionale indù basata sull'idea di equilibrio del sistema corpo e che utilizza la dieta, la fitoterapia e la respirazione yoga come cure. la qualità e la quantità di queste tre sostanze variano nel corpo a seconda della stagione, dell'ora del giorno, della dieta e di altri fattori. il concetto principale è che si è in salute quando c'è un equilibrio tra i tre bio-elementi fondamentali o *dosha*, che si chiamano *vata, pitta, kapha*.

il *vata* è caratterizzato dalle proprietà di secco, freddo, luce, tempo e movimento. tutto il movimento nel corpo è dovuto alle proprietà *vata*. il dolore è una delle caratteristiche del *vata* impazzito. alcune delle patologie connesse a *vata* sono la flatulogenesi, la gotta, i reumatismi, ecc. *vata* non va interpretato come aria.

pitta rappresenta il metabolismo. è caratterizzato da calore, umidità, liquidità, acredine e acidità. la qualità principe è il calore. è l'energia principale che usa la bile per la digestione e promuove il metabolismo. un *pitta* non bilanciato è responsabile di calore corporeo, acidità e rossore.

kapha è l'elemento d'acqua, è caratterizzato da pesantezza, freddo, delicatezza, morbidezza, lentezza, lubrificazione ed è portatore di nutrienti. è l'elemento del corpo che nutre. tutti gli organi molli sono fatti di *kapha,* che gioca un ruolo importante nella percezione del gusto, nel nutrimento e nella lubrificazione.

i *dosha* sono le forze che creano il corpo fisico. determinano condizioni quali la crescita, l'invecchiamento, la salute e la malattia. in genere uno dei tre *dosha* predomina e determina la costituzione e il tipo mente-corpo di una persona. capendo le abitudini, le risposte emotive e il tipo corporeo, gli operatori possono adattare la loro pratica di yoga di conseguenza. accade così anche per i trattamenti ayurvedici mirati ad alleviare ogni eccesso di *dosha* (malattia) tramite delle erbe potenti o attraverso pratiche quotidiane come il *pranayama*, la meditazione e le posizioni yoga.

ci sono dei chiari segnali quando c'è un eccesso di un *dosha* che sbilancia il sistema. per esempio con un eccesso di *vata* possono esserci disordini mentali, nervosi e digestivi, inclusa una scarsa energia e un indebolimento dei tessuti. l'eccesso di *pitta* porta una tossicità del sangue e innesca infiammazione e infezioni. con un eccesso di *kapha,* invece, c'è un aumento di muco, peso, edema e malattie polmonari. la chiave per gestire tutti i *dosha* è avere cura del *vata* poiché dà origine agli altri due.

viene tutto da wikipedia. fortunatamente anche quello aiuta. comunque una parte di questo viaggio dell'inspirare/esalare/mente. corpo.anima consiste nel assieme tutte queste informazioni per fare di me la mia versione migliore. insomma, può aiutare anche voi...

meditazione silenziosa

esattamente un anno fa avevo iniziato una meditazione silenziosa. ironico, ma non del tutto. una volta pensavo che sarei esplosa se non avessi parlato. ma fortunatamente non è accaduto. ero andata all'umstead (l'unico hotel a 4 stelle della mia zona) per usare una gift card che mi avevano regalato sette mesi prima per il mio compleanno e siccome non ero stata bene non ero riuscita ad andarci. scelsi quel weekend già mesi prima su raccomandazione del mio agopunturista, che non ho ancora introdotto, il quale mi aveva detto di prendere un po' di tempo per me stessa. ma sto divagando…

un anno fa decisi che dovevo stare più con i piedi per terra. anche questo consiglio viene dalla mia guida spirituale, ma è datato. in ogni caso, il giorno prima della mia meditazione silenziosa, io e lui ci incontrammo per parlare della mia vita passata. è saltato fuori che sono stata uno sciamano nativo americano 400 anni fa. pensai quindi che sarebbe stata una cosa buona da fare. riflettere, stare seduta in silenzio. per onorare il mio defunto marito e per onorare me stessa. ero motivata. spinta dall'altra me, ci andai. non avrei potuto parlare dalle 17.30 di venerdì alle 14 di domenica.

niente telefono, niente musica, nessuna comunicazione verbale con l'esterno. figuratevi che questa cosa l'ho fatta il fine settimana prima della festa dell'ottavo anniversario di apertura del mio negozio, che avevo programmato già il mese prima. così avevo venerdì, sabato e domenica per ascoltare, esperire, muovermi. mi ricordo che la prima notte, mentre stavo tornando a casa a piedi con il mio notebook, incontrai un mio condomino che mi domandò della festa e dovetti mostrargli il tablet con su scritto «sto facendo una meditazione silenziosa». è stata dura.

la mattina dopo andai a fare una camminata a cameron park. notai la natura come non avevo mai fatto prima. incrociai un signore che mi disse buongiorno e tutto ciò che potei fare fu sorridere con tutti i denti, ma mi dispiacque molto non avergli potuto rispondere a parole. fortunatamente ci incrociammo di nuovo al ritorno e riuscii a mostrargli il mio tablet con il solito messaggio della meditazione silenziosa. comunque stare in silenzio non è stato poi così difficile. non mi è mancato il telefono. non sono esplosa. ce l'ho fatta. e quando ho finito mi sono resa conto di volerne di più, più silenzio, più natura, non stare al servizio del mio telefono. ero tranquilla. è stato grazie a questa esperienza che ho iniziato a leggere di nuovo.

ora come ora sto leggendo sette libri, cosa che non avrei mai pensato di fare, dato che sono una tipa da "uno alla volta". ma ultimamente ho questa voglia insaziabile di conoscenza e leggo in continuazione. mi è mancato. che approccio inedito e triste. perché ci ritroviamo costantemente a fare qualcosa e non ci sediamo e ci rilassiamo e basta? perché crediamo di dover essere sempre connessi e saltare sull'attenti ogni volta che il nostro telefono fa un rumore? vi imploro, trovate del tempo solo per essere. tendiamo tutti a usare questi oggetti come mezzo per distrarci. ecco cosa impari facendo una meditazione silenziosa.

che tutte queste cose stanno tenendo a bada le tue emozioni e i tuoi sentimenti. quando siamo sopraffatti dalla vita, ci rivolgiamo ai nostri telefoni per distrarci. litighiamo con qualcuno, sbraitiamo e urliamo e poi ci chiudiamo in noi. quando le cose si complicano guardiamo qualcosa per scappare dalla realtà. la realtà esiste e queste cose non vanno via e basta, vengono solo sepolte. se non disfate mai le valigie, aumenteranno solo di dimensioni e poi scoppieranno. ecco perché prendere del tempo per riflettere e affrontare questi problemi è fondamentale per la nostra salute fisica. tutta questa pesantezza ci atterra. ciò che non capiamo è che esporre la verità, che a volte può essere dolorosa, ci rende liberi. e questo ci permette di respirare un po' meglio.

ma prima di deviare lentamente dal percorso della meditazione silenziosa, quando ho ripreso in mano il mio telefono c'erano 45 messaggi e 45 email. e ci ho messo 45 minuti per visualizzarli. non c'è proprio nessuna ragione per essere consumati così tanto dai nostri telefoni. ho capito che mi serviva più meditazione. ora, un anno dopo, mi sono resa conto che non ne ho fatta abbastanza. erano 66 le volte, giusto?

agopuntura col dott. gesù e la piccola kendra

nel corso del mio lungo viaggio alla ricerca della pace di mente, corpo e anima, ho finalmente ascoltato il consiglio credo della quinta persona che mi aveva esortato a provare l'agopuntura. mi aveva parlato del suo agopunturista che lei chiamava dott. gesù e ho pensato "perché no?". non sono una fan degli aghi o di qualsiasi cosa procuri fastidio fisico e così ho sempre pensato che l'agopuntura non facesse per me. mi sbagliavo.

quando entrai nel suo ufficio, mi sedetti e mi chiese perché fossi lì. gli parlai del mio dolore fisico e del fatto che facevo massaggi da 22 anni. gli raccontai anche delle mie 4/11 lezioni di yoga a settimana e dei trattamenti chiropratici a cui mi sottoponevo ormai da due anni a questa a parte a causa di una verticale maldestra. gli dissi che tutti pensano che io sia la donna più forte che conoscono. gli raccontai di mia figlia e di suo padre e di mio padre e della mia vita. del mio negozio e della mia volontà di dominare il mondo e l'universo. gli parlai delle mie responsabilità, dei miei desideri e della ricerca della pace interiore.

poi mi chiese ora chi fossi. che altro c'era sotto quegli strati? dopo aver esternato tutto, ero solo una ragazzina stanca e spaventata che voleva qualcuno che la sorreggesse e le dicesse che tutto sarebbe andato bene. e avesse cura di lei per una volta. poi mi presentò la piccola kendra. la mia anima. mi disse che lei si sente trascurata e mi suggerì di rafforzare il legame con lei per curare il mio corpo. mi sembrava di essere sulla strada giusta. indicandomi il dipinto dietro di lui mi disse che era un'immagine di un albero che attraversa le quattro stagioni. tutto deve germogliare affinché possa fiorire, poi cadere, essere raccolto e riposare, per poi riuscire a rialzarsi e ricominciare daccapo. questa è la vita. ma dobbiamo nutrire la nostra anima in tutte le fasi. quando siamo connessi con quella parte di noi stessi è lì che prosperiamo.

prima di iniziare compilai un questionario in cui mi veniva chiesto della mia salute e dei miei referti medici. tra le altre cose, descrissi le mie abitudini alimentari che avrebbero potuto tracciare un quadro del mio corpo nel complesso e di come funzioni. parlai perciò del mio corpo e del bruciore continuo che sento. avevo scoperto il mio *dosha* l'anno prima e quanto influisca sulla mia temperatura corporea e come controllarla attraverso la dieta e l'esercizio. forse stavo facendo troppo hot yoga. e mi piacciono molto i cibi piccanti (altri jalapeños per favore!). parlammo anche di quello.

dopo la sessione di terapia salii sul lettino. mi aveva messa a pancia in su ed ero coperta con due asciugamani. mi passò un aggeggio da tenere in mano mentre toccava i punti critici con un altro aggeggio. a ogni punto fece delle misurazioni e dopo aver fatto una scansione con quello strumento mi mostrò che cos'era in asse e cosa non lo era. sembra che il mio fegato e il mio cuore non siano in buone condizioni. ma ovviamente è collegato tutto a qualcos'altro. comunque, dopo la diagnosi iniziò a mettere degli aghi sottili in determinati punti. gli chiesi di spiegarmi a cosa fossero connessi. è stato sempre delicato specie quando sentivo una scossetta. ma riusciva a metterli tutti nei punti giusti. lo sentivo. l'intensità, l'impulso, sentivo un'energia scorrermi dentro, come corrente elettrica nelle mie vene.

dopo aver eliminato il mio fuoco (ho letteralmente percepito dei piccoli fori da cui fuoriusciva il vapore del mio corpo) e movimentato energia attraverso il mio corpo – ah dimenticavo che miha messo un altro ago nel mio terzo occhio al centro della fronte che mi ha sconvolta – se ne andò. per dieci, quindici minuti, e io me ne stavo lì con un mucchio di aghi conficcati e non potevo muovermi, e poi ecco che arrivò la piccola kendra. anche il rumore dell'oceano in sottofondo contribuì. mi stavo rilassando! qualcosa di veramente difficile per me. stare ferma sdraiata non esiste per me a meno che non sia sul letto a dormire, o a yoga o a fare i massaggi, ma quello è un altro paio di maniche. in genere lavoro ad alta frequenza.

era fantastico sentire il mio corpo ribollire dentro e fuori. visualizzavo nella testa ogni ago e cercavo di connettermi al punto di entrata per capire come stesse rispondendo il mio corpo. respiravo attraverso i fori. tutto era amplificato. tornò nella stanza proprio quando stavo per addormentarmi. mi domandò come stessi e tolse gli aghi uno per uno. sentivo che il mio mondo era sottosopra. fissai delle sedute una volta alla settimana fino al mio compleanno, momento in cui lui sarebbe andato in vacanza. la sera quando salii in macchina, chiesi alla piccola kendra cosa volesse fare. e ascoltai.

continuo a praticare l'agopuntura e sto ancora imparando ad ascoltare la piccola kendra. mi lascio prendere dalla pazzia e trasportare in un mondo surreale. ogni volta che esco da questo mondo mi sento più vicina a dove dovrei essere. e siamo tutti esattamente dove dovremmo essere, qui e adesso, abbiate fede in voi, ascoltate la voce che è dentro di voi. vi guiderà verso il vostro scopo.

reiki e la pantera nera

si stava avvicinando il mio quarantesimo compleanno ed ero molto eccitata, mi stavo concentrando senza sosta sulla cura di mente, corpo e anima. oltre allo yoga, alla psicoterapia, alle cure chiropratiche e ora all'agopuntura, stavo facendo massaggi più regolarmente. la mia massaggiatrice mi chiese se poteva praticare reiki su di me. wikipedia dice che il reiki è una forma di medicina alternativa definita energia curativa. gli operatori di reiki usano una tecnica chiamata "cura palmare", attraverso la quale un'energia universale viene trasferita dai palmi dell'operatore al paziente per stimolare una cura emotiva o fisica. ero aperta a tutto e le dissi di sì. erano passati due giorni dal mio primo trattamento di agopuntura. siccome tutto era stato risvegliato da poco, mi sembrava un momento opportuno per fare questa esperienza.

al mio arrivo, ci sedemmo e parlai di cosa volevo disfarmi. una parola uscì dalla bocca, il nome del padre di mia figlia. mi chiese di trovare la parola che potesse descrivere quello che volevo allontanare e ovviamente quella parola era "dolore". mi disse di alzarmi e di ripetere dopo di lei «(di' il suo nome), ti lascio andare». mentre stavo finendo la frase, disegnò una x con una pietra sul mio corpo. sentii un'ondata di energia scorrermi dentro e scuotermi. poi si mise alla mia destra e ripetemmo le parole e la x. sembravo l'uomo ragno e avevo un'energia che fuoriusciva da entrambi i polsi. si mise dietro di me e ripetemmo tutto. ora dalla punta della testa, giù per la colonna vertebrale e il sedere, fino ai talloni, un'altra scossa di energia dentro di me. per finire completammo il rituale sul mio lato sinistro e un'ondata scorse dolcemente dalla testa fino ai piedi. e poi svanì.

50

era come se avessi un corpo tutto nuovo. tutto il dolore che avevo portato sulle mie spalle per vent'anni e più era sparito. era magia. mi spostai sul lettino da massaggio e mi chiese di trovare tra quelli esposti il cristallo che mi parlava. ma nessuno di quelli lo fece. quando ne stavo per prendere uno, lei mi disse: «prendi questo. questa è la pietra della dea». «ok», le feci. mi sdraiai e mi disse di appoggiarla dove volevo. scrivo a distanza di mesi e mi sembrava di averla messa sul cuore, ma credo di averla messa sul mio chakra radicale, la parte bassa dell'addome.

riprese il massaggio. silenziosamente, mosse le mani sopra, attorno di me e poi su di me. in quel mix perfetto di massaggi e reiki mi disse che avrei iniziato un viaggio. mentre i miei occhi erano chiusi immaginai di essere una pantera nera.

nota a margine. devo prima raccontare del mio ritorno da las vegas nel febbraio di quell'anno. ero tutta un dolore e mi imposi di andare dalla mia massaggiatrice il giorno che sarei tornata. quando andai da lei, mi disse che la mia colonna vertebrale era spacciata. già lo sapevo. lo sentivo. durante un breve trattamento di 60 minuti mi fece un massaggio fortissimo. dopo questa bella aggiustata, mi disse che percepì una pantera nera che usciva dal mio corpo e io pensai "caspita, figo." il giorno dopo mi mandò un articolo che parlava del leopardo nero, conosciuto come pantera nera, che si era mostrato per la prima volta in cento anni all'obiettivo di un fotografo in africa. porca vacca. comunque, avevo una festa danzante stile *moulin rouge* all'alamo e dovevo andare. un'altra grande storia insomma, ho reso l'idea…

quindi immaginai di essere una pantera nera mentre stavo distesa sul lettino. camminavo in una fitta giungla e sentivo le mie spalle muoversi come quelle di una pantera, con quel movimento le rilassavo e mi facevo strada nell'intrico. come se avessi delle lame o mi fossero cresciute delle ali. man mano che mi addentravo, la giungla si faceva meno fitta e tutto diventava più chiaro. poi a un certo punto venne fuori la dea che è in me. ero nuda e camminavo vicino alla pantera. la mia mano la sfiorava leggermente mentre camminavamo in fila. c'erano delle liane tra i miei capelli e le mie braccia e le mie gambe erano ricoperte da una pittura da guerriero, avevo dei bracciali ai polsi e una collana al collo.

mi guardavo da dietro "ma non era il mio fondoschiena", pensai. il mio sguardo si spostò e vidi che i miei capelli erano lunghi fino al sedere e ondulati e tenevo in mano un'arma da dea guerriera. merda, devo raccontarvi un'altra storia prima però…

vi ho detto che ho fatto questa esperienza prima dei miei quarant'anni. alcune settimane prima del mio compleanno, un cliente che era venuto in negozio solo una volta mi diede un regalo. ero sorpresa, non sono una persona da regali, non è il mio linguaggio di scambio, ma ero molto entusiasta lo stesso. di nuovo, ora che lo scrivo mesi dopo me lo immagino in una busta nera, avvolto in una carta nera, in una scatola nera. aprii la scatola (forse mi sbaglio – ecco perché bisogna scrivere tutto subito) e dentro c'era un corno nero attorcigliato attaccato a un cavatappi d'argento. riluceva ed era affilato, attorcigliato fino alla punta. era bello tenerlo in mano, come se mi fosse sempre appartenuto. il mio cliente era nervoso ma io gli fui molto grata per questo regalo.

ho camminato con quell'oggetto attaccato a me per almeno una settimana. non potevo farne a meno. mi chiamava. avevo bisogno di averlo in mano, di portarlo ovunque andassi. non era un'arma, ma avevo la sensazione che mi garantisse una sorta di protezione. lo chiamavo il mio nuovo giocattolo. ad ogni modo, torniamo all'esperienza…

dunque, con la mia mano, mentre camminavo nella giungla, brandivo un'arma da dea guerriera. scostavo le foglie a ogni passo e battevamo il nostro sentiero. solo delle leggere e ampie oscillazioni delle mie braccia. le cose apparivano sempre più chiare man mano che proseguivamo e alla fine arrivammo in uno spazio aperto. è a questo punto che la pantera si tramutò in me. questo viaggio spirituale fu accompagnato da delle percussioni in sottofondo. ah piccola postilla, mentre tracciava la x, tambureggiava attorno a me. ogni volta rilasciando sempre più energia. comunque, appena mi girai sul lettino, partì *dreams* dei fleetwood mac su spotify.

"so they say you want your freedom…" e io camminavo sul prato. c'era una cascata in lontananza. e appena entrai nella cascata "when the rain washes you clean you'll know"[7] cadde sulla mia anima. dopo qualche attimo nella cascata mi allontanai. la canzone dopo era *i am light* di india arie. l'acqua evaporava dal mio corpo al sole e sembrava che la luce risplendesse da dentro di me. mi sentivo la luce matrice. usciva dal mio corpo. lì la mia esperienza si concluse. era ora di alzarsi e andare...

la cosa assurda è che la mia guaritrice mi chiese di raccontarle cosa fosse successo nel corso del mio "viaggio". ma prima che potessi risponderle, mi disse che aveva visto tutto quello che era successo – la giungla, la pantera nera, la dea, la radura, il prato, la cascata. sapeva già tutto quello che mi era accaduto senza nemmeno che glielo avessi detto. dopo questa avventura spirituale mi sentii una nuova versione di me.

---

[7] la traduzione del primo verso è "e così dicono che vuoi la libertà", mentre del secondo è "quando la pioggia ti laverà pulendoti lo saprai". La canzone accompagna l'esperienza. (N.d.T.)

l'esperienza intuitiva con eva e cleopatra

una settimana dopo questa esperienza, ebbi il mio secondo appuntamento di agopuntura seguito da un incontro con una intuitiva. l'avevo incontrata al corso di yoga varie volte e avevamo chiacchierato di quello che aveva fatto lei nella vita e di quello che avevo fatto io, e si era parlato anche di mio marito e lei mi aveva detto «ecco perché devo vederti». ero sempre stata affascinata dal suo mondo ma non avevo mai organizzato nulla. ebbene, dopo la mia esperienza di reiki, la mia guaritrice aveva accennato al suo incontro con una sua amica intuitiva ed era proprio lei. così decisi che fosse il momento. andai nella sua incantevole casa e mi offrì del tè. parlammo un po' e poi mi chiese perché fossi lì e le raccontai tutto quello che ho raccontato a voi.

in seguito mi domandò se volessi registrare la conversazione e accettai. di grande aiuto avere la cassetta ora e poterla ascoltare. ho anche riascoltato le mie letture, è una gran prospettiva ascoltare delle cose di sei mesi fa e imparare da quelle esperienze. torniamo a noi: mi disse che sentiva una presenza importante nella stanza. chiese se fosse iside. ma non era iside. alla fine esclamò: «o mio dio, è eva. la madre di tutte le creazioni. è solidale con questo tipo di erotismo divino e di potere non teso a manipolare o controllare, ma usato per amore».

mi visualizzò con due bracciali d'oro lucenti che mi coprivano le braccia, che erano aperte in modo che potessi usare i gomiti. era la mia armatura. percepiva un giogo o un pettorale anche. il giogo era d'oro e aveva un aspetto regale. etereo. lo porto in questa vita. in qualche modo ne ho incamerato l'energia quando lo portavo in una vita precedente, era rigido e dispotico ma fatto con amore, collocato forse da un amante precedente, forse il mio ex. ero vincolata e controllata. una specie di

54

schiava del sesso che aveva bisogno di essere curata, integrata e liberata per poter abbracciare appieno questo erotismo divino. una specie di paura della schiavitù e di controllo del sesso e della violenza delle mie vite precedenti, così mi fu detto. aveva senso visto che sono sempre stata spaventata dal dolore fisico. sono sicura di essere stata bruciata viva, squartata, appesa e torturata nelle mie precedenti vite.

siccome sono un'empatica, riesco a estrapolare tutta quella energia dai miei partner ma poi devo ripulire quella stessa energia con un rituale di purificazione, con l'intenzione nel mio grembo di benedire, onorare e amare laddove c'è violazione del corpo. ho quest'antica connessione. non è andata tanto bene nelle vite precedenti. io e il mio ex abbiamo dovuto fare un grande sforzo assieme. secondo lei era molto dispotico e non c'era intenzione da parte mia di avere una relazione a lungo termine. non era una relazione benefica per me. non è mai stata positiva a dire il vero. è stata sì potente, passionale ma troppo infuocata. eravamo fuoco con fuoco. troppe emozioni conflittuali con un contorno di insicurezza e gelosia. ha fatto deragliare la mia vita. ma l'ho amato e so che siamo anime gemelle, semplicemente non fatte per stare assieme.

avevo una sorta di contratto con il padre di mia figlia. dovevo imparare i limiti e la manipolazione. e dovevo farlo presto. è stato il mio primo sistema di avvertimento. il mio migliore insegnante. perché ho da fare. devo fare cose. ho una grande vita da vivere che mi aspetta, non devo farmi risucchiare da tutto questo. o perdere del tempo con roba vecchia. pare che mia figlia sia stata mia madre nelle mie vite passate. molte volte a dire il vero. e questa era la prima volta che ero sua madre. perché è sempre supponente sulla mia vita? perché pensa di saperne di più? perché è così dispotica? il nostro contratto c'era per lei. per insegnarle la compassione, l'amore, la gentilezza e la comprensione. noi due abbiamo concordato che io fossi sua madre in questa vita. sono qui per mostrarle l'amore. ha tanto da dare. vuole aggiustarmi e plasmarmi. e devo capire perché si è comportata così, perché è stata mia madre. non è una questione personale. mia figlia era l'unica ad avere accesso alla piccola kendra.

anche con eva c'è questa specie di energia. mi aiuta a vedere le cose chiaramente così che io abbia questa forza indisturbata con cui poter manifestare i miei sogni al mondo. questa sessione ha una potenza inusuale ed è chiara. è un momento chiave per una progressione. in questa vita non indosso nessun collare (anche se ho un choker al collo la maggior parte dei miei giorni). la vita è ai miei termini. sono me stessa. eva senza guinzaglio. non sono brava a discernere le persone che non sono buone per me. a riconoscere chi credere nella mia vita. chi mi difende e chi no. è un retaggio del pettorale. l'oppressione della donna. accetto completamente questo gioco confuso di conflitto e di controllo. sono riuscita a indossare il pettorale per così tanto tempo e l'ho fatto con successo grazie alle trasgressioni e oppressioni del passato.

questo controllore mi fa andare avanti, mi rende forte, non ce l'avrei mai fatta senza il mio controllore. sa essere iperprotettivo. teme la mia libertà. deve capire che sono affidabile. il suo controllo è un'illusione. deve lasciarmi andare. è pochi passi avanti a me che controlla le mie esperienze. tiene a bada le persone che potrebbero minacciarmi col fine di proteggermi. impara il mio discernimento. la mia energia maschile esperisce questo contrasto per guarire, cambiare e crescere. questa energia maschile e femminile scorre ed è una storia d'amore. sta tutto nella mia voce, nei miei limiti, nel prendere coscienza e avere chiarezza. devo essere concentrata.

il punto chiave è l'energia sensuale che scaturisce da cleopatra, la tentatrice dissoluta che usava la sua sensualità come arma politica. alcuni sostengono che non fosse tutto merito della sua bellezza inarrivabile, ma che piuttosto fossero la sua voce melliflua e il suo irresistibile fascino a renderla così desiderabile. sapeva come entrare in scena in grande stile perché si considerava una dea vivente. era anche descritta come una donna dall'insaziabile sessualità e avarizia. un'interazione con lei era ammaliante e il suo aspetto, la sua capacità persuasiva e il suo carisma nelle discussioni erano stimolanti. in un mondo guidato dalla paura, cleopatra era spinta da una passione totalizzante. voleva ciò che voleva e avrebbe fatto qualunque cosa per averlo. questa è la donna a cui sono stata paragonata negli ultimi anni.

ho imparato una lezione preziosa da questa energia di cleopatra che possiedo e vorrei condividerla: non abbiate paura di ammettere a voi stessi quali sono i vostri reali desideri. conoscete chi avete bisogno di convincere per ottenere ciò che volete. gli uomini ragionano in termini di storie, quindi usate un po' di teatralità per ottenere dei vantaggi. preparatevi la vostra presentazione in modo da avere una storia forte per persone forti. cleopatra non era dotata di grande compassione ma esibiva una certa empatia, che è anche una delle mie qualità. la persuasione sta nel comprendere le volontà/desideri/valori/paure dell'interlocutore. aiutate le persone a ottenere ciò che vogliono affinché possiate avere ciò che volete. diventate più dotti. il mio nome significa sapiente. e la conoscenza è potere. e alle persone potenti piacciono le persone interessanti, ma per essere interessanti bisogna prima essere interessati. stendete il tappeto rosso.[8]

---

[8] "roll out the red carpet", lett. "stendere il tappeto rosso", è un'espressione idiomatica che si rifà al tappeto rosso delle cerimonie di premiazione o delle occasioni formali. In questo caso l'autrice la impiega con tono scherzoso in riferimento alla festa del suo quarantesimo compleanno raccontata nel capitolo successivo. (N.d.T.)

i miei quarant'anni

insomma, il momento che aspettavo, il mio quarantesimo compleanno. andai a lavorare e mi sentivo da dio. un signore che avevo incontrato la settimana prima mi chiamò e mi chiese se poteva guardarmi mentre lavoravo visto che non sapeva nulla di abbigliamento. si era imbattuto nel mio negozio e dopo aver chiacchierato per un'ora mi feci coraggio e gli chiesi se mi dava un milione di dollari per aprire uno o due negozi. la mia domanda lo sorprese e gli dissi che mi sembrava il tipo di persona che avrebbe potuto realizzare una cosa del genere. e mi rispose secco: «mi piaci. mi ricordi me».

e così, quando per caso mi chiamò il giorno del mio compleanno non sapendo che compivo gli anni, gli dissi «certo! è il mio compleanno! ho ricevuto sei mazzi di fiori e abbracci a destra e manca. è il giorno perfetto per venire a vedermi in azione». e così fece. dopo pochi minuti che era lì con me, ricevetti una chiamata da questo tipo di washington che non sentivo da mesi. mi chiese se ero ancora interessata a washington e gli risposi «certo, che cosa mi proponi?». mi disse: «c'è un posto chiamato *gatto nero* (vi ricordate la pantera nera?)». se non era un segno premonitore non so che altro potesse essere. quindi mi mandò le informazioni e questo investitore osservava ogni mia mossa. questa è stata la mia giornata pazzesca al lavoro. tanti auguri a me!

dopo il lavoro io e la mia complice andammo a cena e poi arrivammo al mio fantastico party. c'erano un buttafuori, un dj, una ballerina, un tappeto rosso, ho invitato oltre mille persone ed era richiesto un abito da cocktail o uno smoking. ero elettrizzata. una delle mie passioni è mettere assieme persone che nella normalità non si incontrano e mescolarle tutte. ho una collezione composita di anime splendide nella mia vita, un'energia positiva mi circonda e si riflette anche sugli altri. molte persone andarono e vennero e mi divertii un mondo. ballai tutta la notte perché feci tre playlist e continuavo a stringermi il cuore, cosa che faccio normalmente quando batte intensamente. questa sensazione era un travolgente senso di amore e di affetto che provavo per i miei amici e che loro contraccambiavano.

tante risate, tanto amore, qualche lacrima di gioia, e un sacco di danze. è stata una serata grandiosa. si concluse con un amico caro a casa mia con altre danze e lacrime e conversazioni profonde. ah, e tre uomini che mi massaggiavano i piedi. devo proprio dirlo, i quarant'anni sono stati belli. ero al settimo cielo. il giorno dopo era un sabato e riuscii a festeggiare durante il giorno. iniziai con un brunch magnifico e poi proseguii con una passeggiata in città passando da un posto all'altro sempre accompagnata dall'acqua per adulti (altrimenti detta vodka, acqua tonica e lime).

è risaputo che bere durante il giorno ti segna. feci una pausa ma continuai con questo andazzo fino a sera e finii con danze e conversazioni fino a notte fonda. la domenica feci un altro brunch da sola e lessi al parco, ma il mio corpo mi stava urlando che voleva il meritato massaggio del compleanno. ho accennato di aver fatto massaggi per 22 anni. generalmente, anche se c'è del beneficio, è accompagnato da una buona dose di dolore. per cui non è inusuale che urli ogni sorta di improperio mentre mi sciolgono i nervi. sento molto stress sul collo e le spalle, fino alle gambe. mi fa male quasi tutto.

quel massaggio mi portò al crollo della disidratazione che mi fece finire all'ospedale. all'improvviso la mia vita era arrivata a una sosta sgradita. scrivere di tutto ciò con noncuranza sembra davvero strano, ma la vita va così, vero? un momento sei felicissimo, vivi al massimo, poi smetti e quando stai per tornare alla tua normale routine ecco che la morte viene improvvisamente a bussare alla tua porta a causa di decisioni sbagliate e ti fa mettere in discussione il tuo stile di vita.

la gente ha sempre dubitato della mia età, specialmente quando gli dico che ho una figlia di vent'anni, ma l'ho sempre accettata. non vedo l'ora di diventare canuta. sono eccitata. infatti voglio avere una vita lunga e sana, motivo per cui cerco di inserire nella mia routine cose come la meditazione, lo yoga, i massaggi, la psicanalisi, l'agopuntura, la chiropratica, e ultimamente ho aggiunto anche la pedicure. la cura di sé stessi non è vizio, è necessità. trascurarsi e donarsi al partner, al lavoro, ai figli non porta nessun beneficio. bisogna prendersi cura di sé stessi e amarsi, altrimenti non c'è speranza per una vita lunga, serena e in salute.

si dice che il vissuto sia nel tessuto.[9] grazie ad *anatomia dello spirito* di caroline myss ora ho una conoscenza più approfondita del corpo e del fatto che ciò che ci capita nella vita si riflette su ogni parte di noi. la connessione di corpo, mente e anima per l'appunto. e cioè che molto di ciò che di fisico ci affligge può essere collegato emotivamente a un trauma subìto nel corso della vita. e il modo in cui affronti il trauma ha un impatto su come il corpo lo riceve e lo gestisce. perciò vi esorto a prendervi del tempo per riflettere e guarire dalle ferite del passato per poter ricominciare a gioire dei giorni che vi sono stati donati. ogni giorno che vi svegliate e scostate le coperte del letto è come scartare il presente di un giorno tutto nuovo. vivete ogni giorno come se fosse l'ultimo e amate intensamente. abbiate cura dei vostri corpi e ringraziateli perché hanno cura di voi. è l'unico corpo che avete.

le mie conclusioni dopo la polmonite che mi ha colpito sono le seguenti: la causa spirituale della polmonite potrebbe essere il risultato di un evento traumatico improvviso che mi è accaduto – ne ho vari. è venuto a galla tutto il dolore represso. la paura e l'ansia che lo accompagnavano mi hanno lasciato una schiacciante sensazione di futilità. si rischia la caduta a mantenere l'immunità agli ideali negativi, peggio se accompagnata da un ego forte, che è ciò con cui sono in conflitto e che mi fa avere scarsa tolleranza alle idee e opinioni altrui. la ragione potrebbe risiedere nell'abbandono emozionale in giovane età, che mi ha fatto trincerare non permettendo agli altri di entrare e a me stessa di donarmi. c'è stata una grande fiducia in me stessa per affrontare il mondo da sola. il risultato finale è stata la privazione di gioia e amore. è il segno che il processo di comunicazione con la vita e le entità non materiali è disturbato.

---

[9] l'espressione inglese è "your issues are in the tissues", lett. "i problemi stanno nei tessuti muscolari". La traduzione proposta mantiene la rima. (N.d.T.)

se analizziamo a fondo le emozioni e le cause spirituali della polmonite e dei problemi ai polmoni, una di queste potrebbe essere la mancanza di ispirazione/inspirazione, la tendenza a tenere lontane le novità. un'incapacità a lasciar andare (esalazione), la paura che qualcosa muoia. potrebbe essere anche legata alla paura della morte o all'aver visto qualcun altro soffrire o morire, un'eccezionale paura del cambiamento. infine, qualcuno o qualcosa mi privano della mia forza e rimango con un senso di soffocamento.

il mio corpo ha cercato di comunicarmi la necessità di affrontare alcune emozioni. nel momento in cui ho rifiutato di ascoltare le mie emozioni interiori, attraverso la polmonite, come ogni altra malattia, il mio corpo ha cercato disperatamente di esprimere delle verità dolorose. credetemi, ora lo sto ascoltando. ogni disturbo del vostro corpo può essere collegato a un trauma emozionale. se scoprite di avere uno schema di funzionamento coerente del vostro corpo, prestate attenzione. penso alla leucemia di mio marito. è il cancro del sangue, è dappertutto. la sua malattia era aggressiva come lui. si è vendicata e gli ha tolto la vita.

se venite colpiti da una malattia o da un mal-essere, provate a considerare il significato sotto la superficie di ciò che non va fisicamente in voi e di come possa essere collegato al dolore emozionale. gli organi sono interconnessi in canali e in sistemi collegati a loro volta alla mente, e lo spirito ne è il centro. trovate il vostro centro.

state attenti a cosa desiderate

quindi, in base a quanto detto, state ben attenti a cosa desiderate. o meglio ancora, pensate bene a cosa riversate nell'universo. l'universo è in ascolto, e anche il vostro corpo (ricordate l'esperimento giapponese del riso?). per anni, e intendo anni, ho continuato a dire che non sapevo come rilassarmi. beh, l'universo mi ha dato la polmonite e mi ha fatto capire che non avevo scelta. dicevo anche cose del tipo «mi piace inspirare e basta». beh, dopo la polmonite, ho ricevuto un trattamento respiratorio per esercitare l'inalazione per riportare i miei polmoni alla piena riserva respiratoria. non era decisamente quello che avevo in mente, ma questa era la mia opportunità di respirare nuovamente l'alito della vita.

nelle prime due settimane dopo la diagnosi pensavo di poter già andare a lavorare. non era il caso. già i primi minuti che pulivo il negozio (un'attività non impegnativa) mi girava la testa. mi dovetti sedere. non aveva realizzato quanta energia ci volesse per stare in piedi e muoversi con grazia nel negozio. ho fatto anche fatica a parlare. dovevo prendere fiato e fare una pausa tra le parole per esprimere un'idea o un concetto. non era per nulla la frequenza con cui lavoravo. era molto avvilente.

ma faceva anche molta paura. molti mi dicevano che non sarei tornata più me stessa e mi sarei dovuta abituare. era davvero terrificante. altri invece mi incoraggiavano dicendomi che in pochi mesi sarei tornata alla mia vita normale e che avrei solo dovuto riposare. così imparai a stare seduta e ferma, cosa veramente estranea alla mia persona. mi svegliavo e stavo seduta. e leggevo. iniziai a scrivere. presi parte a incontri organizzati nei pressi di fonti d'acqua. esorto seriamente le persone a incontrarsi all'esterno. abbiamo molta vegetazione e fonti d'acqua nel quartiere dove vivo, ed essere circondati dalla natura è piacevole. e necessario. durante questo periodo di transizione ho capito quanto sia bello essere circondati dagli alberi e sentire l'acqua sotto i piedi, come se piantassi i piedi in madre natura.

il mio settore mi impone di vestirmi bene ogni giorno. mi vesto di tutto punto da sempre, ma soprattutto ho spesso delle scarpe ai piedi non molto comode. la mia guida spirituale mi ha consigliato di tenere più i piedi per terra visto che ho la testa fra le nuvole e camminare a piedi nudi sull'erba può essere terapeutico. o semplicemente stare fermi nella sabbia. durante la guarigione c'è stato un momento in cui mi è sembrato di regredire a uno stadio cellulare e di venire ricostruita, e tutto il peso era nelle mie caviglie e nei talloni e nei piedi. erano così pesanti. solo mettere un piede davanti all'altro e camminare era una fatica monumentale. e se ci penso ha senso. non avevo abbastanza ossigeno nel corpo. ecco perché ho descritto la polmonite come una debolezza totale che ti entra nelle ossa. tutto era un travaglio.

ma i giorni e le settimane scorrevano veloci e finalmente tornai a essere me stessa. avevo dei nuovi outfit e mi sentivo benissimo. kendra 2.0. ma dopo qualche giorno il dramma. mi ero svegliata presto, stavo per prendere il mio tè, ma mi venne un prurito tremendo all'altezza dello stomaco e sentii un bruciore. indossavo un vestito di seta e una cosa così delicata e piacevole al tatto non sarebbe dovuta sembrare ruvida e dolorosa, ma lo fu. avevo sei ponfi rossi sull'addome che non c'erano la sera prima. mia madre temeva fosse fuoco di sant'antonio e aveva ragione. il mio sistema immunitario era ancora compromesso e lo stress mi portò questo bel regalino. fortunatamente andai dal dottore il giorno stesso e lo fermai prima che potesse prendere il sopravvento.

vedete, i nostri corpi ci parlano e se li ascoltiamo (e rispondiamo in modo adeguato) possiamo prevedere le cose prima che vadano fuori controllo. poiché ho agito subito, ho preso gli antibiotici che mi hanno fatta guarire in fretta e non ho avuto un dolore atroce o i pruriti normalmente associati al fuoco di sant'antonio. molte persone che ho conosciuto nella mia vita si sono accorte tardi che qualcosa non andava, e solo quando la situazione era diventata intollerabile si sono decise ad andare dal dottore. molti vogliono vivere nella negazione di ciò che gli succede tanto da ignorare i loro sintomi e mascherarli con certi comportamenti che non fanno altro che prolungare l'inevitabile e aumentare il problema. è strano cosa facciamo a volte. ma è proprio della natura umana.

la componente emotiva che si accompagna a un virus è il sentirsi senza speranza e impotenti. le vesciche appaiono quando ci opponiamo al flusso della vita, angosciati da una situazione perché sembra che non sia disponibile nessuna protezione emotiva. quei pensieri si materializzano in eruzioni emozionali sul corpo – le vesciche. la componente emozionale di un'infiammazione ai nervi è definita come irritazione concitata che compare quando le persone sono continuamente soggette a una stimolazione indotta dalla tensione. lo stress le frustra; si sentono impotenti e indebolite. questo discorso si ricollega allo schema che ha portato al mio herpes, vale a dire una paura generalizzata di fronte a una situazione che doveva essere affrontata. non mi sorprende che il mio bisogno di cure, protezione e affetto abbia determinato questi eventi. causa ed effetto.

recentemente mi è stato fatto notare che cerco collegamenti per tutto. e che forse a volte le cose accadono e basta e non c'è connessione. non riesco a crederci. forse è il mio modo fantasioso di vivere questa vita. ovviamente non ignoro il lato negativo delle cose, ma scelgo di vedere il lato positivo. cerco delle spiegazioni per dare un senso a certi eventi. credo davvero che l'universo ci ascolti e, se solo gli dessimo ascolto, vivremmo tutti una vita migliore. costantemente riceviamo dei segnali e forse quegli avvertimenti sono lì per un motivo. forse scegliamo di non ascoltare, indubbiamente un nostro diritto, ma tutte le azioni o non azioni hanno una conseguenza proporzionata o più grande. ascoltando l'universo o, come volete chiamarlo, spirito, fonte, dio, ecc., ascoltiamo il nostro io più elevato per diventare la migliore versione di noi stessi, che tende a un fine ed è guidata dall'amore.

se avete letto l'adagio di lao tzu «fai attenzione ai tuoi pensieri, perché diventano parole; fai attenzione alle tue parole, perché diventano le tue azioni; fai attenzione alle tue azioni, perché diventano abitudini; fai attenzione alle tue abitudini, perché diventano il tuo carattere; fai attenzione al tuo carattere, perché diventa il tuo destino», quello che dico è sensato. la nostra mente dice semplicemente sì a tutto ciò che pensiamo – il bene e il male, e lo traduciamo in atto. sono una grande ammiratrice di questo mantra. se non stai facendo quello che vuoi e vivendo la vita che vuoi vivere, sei tu che ti stai trattenendo e nessun altro.

per citare un verso di shakespeare: «non c'è niente di buono o cattivo, è il pensiero che lo rende tale». la lezione da trarre, essenziale nel processo di risveglio della coscienza, è quella di imparare a diventare coscienti della differenza che c'è tra ciò che accade in voi e cosa la vostra mente vi dice riguardo a ciò che c'è in voi. abbiamo tutti il controllo dei nostri pensieri e delle nostre emozioni. anche se molti di noi gli regalano la parte migliore della nostra essenza. ma comunque nessuno può farvi sentire in un certo modo, conta solo il vostro modo di metabolizzare ciò che gli altri dicono o fanno e come voi proiettate il vostro punto di vista attraverso le loro parole. tendiamo a essere specchio dell'essenza altrui, mostrandoci a vicenda aspetti altri di noi stessi che non sapevamo nemmeno esistessero.

quello che sto cercando di dire è che bisogna essere coscienti del proprio pensiero, dei pensieri negativi, che portano a parole negative, ad azioni negative, ecc., devianti dalla norma. è doveroso notare che siamo creature abitudinarie. tendiamo a rimanere nella nostra carreggiata (modo di pensare o di fare) ed è dura creare nuovi schemi di pensiero o nuovi comportamenti. ciononostante, se vi ritrovate a dire qualcosa che dicevate in continuazione e ha una connotazione negativa, invertite la rotta. per esempio, io dicevo sempre al padre di mia figlia che era uno stronzo (e sono sicura dicesse la stessa cosa di me), ma ora ho fatto lo sforzo cosciente di mutare quella frase in "è stato il mio più grande insegnante". visto, da negativo a positivo.

non sto dicendo che sia facile. non lo è affatto. richiede disciplina, consapevolezza e apertura mentale. e per quanto riguarda le abitudini, servirà del tempo, perciò siate gentili con voi stessi. solo perché combinate dei pasticci un giorno, non vuol dire che non possiate provarci un'altra volta. interrompere delle abitudini o cambiare la vostra routine è dura. ma non c'è momento migliore che il presente e ora potete compiere la scelta di essere felici, di cambiare la vostra condotta, le vostre parole, i vostri pensieri per divenire la versione migliore in assoluto di voi. comincia tutto da voi. non conta quello che vi è successo nel passato. affermate il vostro futuro vivendo il vostro presente.

bali

ho prenotato il mio viaggio a bali la scorsa settimana. bali mi stava chiamando da mesi ormai. un posto a cui non avrei mai pensato nel passato. mi dissero che ci sarebbe stata un'altra meditazione silenziosa il weekend prima del viaggio. quindi mediterò in silenzio per un'altra volta prima del mio viaggio spirituale. credo che sarà un bel commiato per me. il silenzio e la quiete sono dei grandi insegnanti e, se ascoltiamo, i messaggi ci arrivano chiari. e se non lo sono, anche solo assaporare l'ozio va bene. talvolta fa bene anche solo stare seduti e in pace con le cose.

e mentre sto seduta in pace col mondo, mi trovo a bali. grazie per avermi seguita nel corso dei miei racconti avanti e indietro nel tempo. forse è per questo che amo così tanto quentin tarantino, perché capisco le sue sequenze temporali. a ogni modo, prima di arrivare a questo viaggio molto è successo. ho appena finito l'altra meditazione silenziosa. sono stata seduta in silenzio per altri due giorni e mezzo. avrei letto, lavorato al mio libro, fatto lavatrici e fatto i bagagli, ma mi hanno consigliato di non fare niente e starmene seduta con i miei pensieri.

ho capito molte cose. del mio lavoro, della mia sessualità, del mio padre assente, del mio ex marito e di mia figlia. ho pensato di diventare nubile, vendere la mia attività, due cose a cui non ho mai pensato. mai dire mai, giusto? adoro come la vita cambi le carte in tavola. non puoi mai sapere cosà cambierà. siccome stavo andando a bali da sola, ho continuato il silenzio. non ero del tutto in silenzio o fuori dal mondo, ma lo ero nella mia testa. ho continuato a scrivere sul mio diario come avevo fatto durante la meditazione silenziosa, cosa che avrei voluto fare più spesso. ho anche realizzato che la mia vista stava peggiorando e con lei anche la mia scrittura manuale, e quindi avrei dovuto fare più pratica con lo scrivere e avrei dovuto comprarmi degli occhiali da lettura, per il computer e per la guida notturna. dicono che il 2020 sia l'anno della vista perfetta. a quanto pare i 40 sono un'età magica…

quindi bali. bali è stupenda. quando ho prenotato questo viaggio inaspettatamente, tutto quello che sapevo era che stavo cercando pace, calma e quiete. le ho trovate. il posto in cui sto è circondato dalla vegetazione – ci sono alberi ovunque, l'erba è verdissima. ha un ottimo feng shui. ho scoperto che il proprietario ha assunto dei designer cinesi per costruire le basi per garantire quella pace e serenità connesse al flusso di energia. dopo la mia meditazione silenziosa la mia mente era libera, ero radicata. strano per un pesci che viaggia con la fantasia e nuota nelle nuvole.

il viaggio è stato agevole. impensabile per un volo di 30 ore. sono arrivata di pomeriggio e sono andata a zonzo per due ore. la giornata si è conclusa con un margarita nella mia mano mentre ascoltavo una band balinese di cover. i due giorni seguenti sono stati giorni di ozio sulla spiaggia, nascosta sotto l'ombrellone. non so se ho già detto che sono un vampiro e non posso espormi al sole. sul serio. soffro di iperpigmentazione, una patologia con cui ho a che fare dalla nascita di mia figlia, 20 anni fa. ero una dea del sole un tempo. diventavo scurissima e vivevo sotto il sole. tutto è cambiato e ora divento lentigginosa ogni volta che mi espongo al sole. mi sono fatta la frangia perché avevo delle lentiggini grandi quanto la cina in fronte.

dopo due giorni di relax e due ore di camminata tutte le sere lungo la stessa strada, ho deciso di andare all'avventura da un'altra parte. il giorno dopo ho girovagato per le strade di bali. ho fatto un po' di shopping ma non ero dell'umore giusto. in più le trappole per turisti non sono di mio gradimento. ho incrociato delle anime con dei sorrisi magnifici lungo le strade di bali. per un posto così bello è un peccato ci sia così tanta sporcizia. sapevo che era un paese del terzo mondo, ma presumevo (atteggiamento su cui devo lavorare disperatamente) che fosse più curato in base a quanto sapevo della cultura. ma che cosa so io. non so niente.

il giorno seguente era domenica e avevo organizzato un viaggio in giornata a ubud. quando mi sono passati a prendere, mi hanno informato che i piani erano cambiati. ma il cambiamento va bene. mi hanno portato a un incontro con uno sciamano, anche se avrei dovuto farlo il giorno seguente dopo aver cavalcato un elefante. lungo il fiume e attraverso la foresta, siamo giunti dal figlio dello sciamano che aveva incontrato elizabeth gilbert, autrice di *mangia, prega, ama*. suo padre era morto tre anni fa, all'età di 103 anni e, secondo un'antica tradizione balinese, lui avrebbe ereditato la saggezza del padre nonché il suo ruolo. così sono entrata in casa sua e ho assistito a delle preghiere e dei rituali prima che mi convocasse.

prima di afferrarmi le mani, mi ha detto di non preoccuparmi di nulla, mai più, niente stress per il futuro. dopo avermi preso le mani, mi ha detto che avrei avuto una vita lunga e in salute e avrei avuto molto successo. mi ha detto che sono bella, sana e molto intelligente, ma che avevo dimenticato di pregare. se sono paziente, equilibrata e fiduciosa, sarò fortunata ogni giorno della mia vita. ho un'attitudine positiva e questa mi porterà lontano. ma i miei problemi finanziari sono tangibili. devo risparmiare di più. sono molto contenta di aver prenotato un appuntamento con un consulente finanziario al ritorno dal mio viaggio. mi ha suggerito che se riesco a mettere da parte più soldi, sarò più fortunata. mi ha anche detto che una linea della vita lunga è simbolo di successo, indica che ho vissuto in modo giusto. beh, ci sto lavorando. ha detto che gli dei mi hanno benedetta. che avevo 40 anni e che non sarei stata giovane di nuovo, e che avrei avuto benedizioni per altri 20 anni.

ha anche aggiunto che devo essere più felice, più felice ora. che sarò molto famosa. e che da professionista la gente verrà da me. che devo avere un'attività tutta mia da sola. che starei meglio da sola che in compagnia. sono fortunata, ho una vita lunga, la salute non mi manca, ma ho dei problemi economici. perfetto. facile, facile. figurati. devo mangiare tre pasti importanti al giorno. essere disciplinata e responsabile. ho una linea del cuore forte, una personalità forte, e finché non perdo il mio cuore, amerò ancora. devo però scegliere il partner migliore – il più affascinante, sano, felice –, altrimenti sto meglio single. ho un talento artistico, questo è il mio scopo, e devo fare le cose al meglio. grazie alla mia professionalità e alle mie doti, la gente verrà da me. ho ancora una bambina dentro di me. oh gesù, meglio di no. i miei chackra sono completamente puliti. wow! sono fortunata, ma devo essere paziente ed equilibrata. mi ha detto che sua moglie ha raccolto un fiore giallo per me. non a tutti piace il giallo, il giallo significa successo. farò del mio meglio secondo questo simbolo.

ha poi messo del riso sulla mia fronte, mi ha fatto alzare visto che i miei piedi erano addormentati. vi ricordate quando vi ho detto che i miei piedi erano pesantissimi e che dovevo ancorarli a terra? beh, siccome mi formicolavano tantissimo, mi sembrava che tutto lo schifo residuo stesse lasciando il sistema e mentre mi versava dell'acqua sulla testa, mi sentivo libera, purificata e rinata. ho passato un periodo di morte per dei mesi, mi sono sentita quasi obbligata a tagliarmi i capelli corti, proprio come ho fatto quando è morto mio marito dieci anni fa. volevo che questa sensazione schiacciante scomparisse. niente sul mio collo, niente capelli da afferrare, lasciare letteralmente andare tutto. un altro simbolo.

alla fine ha legato un braccialetto attorno al mio polso. tre fili in uno, attorcigliati, a simboleggiare le tre dee in una e le tre fasi del destino – nascita, vita e morte. mi fa pensare a mente, corpo e anima. il bianco significa spiritualità e bontà, il rosso creatività e coraggio, il nero potere e protezione. invece questo mi ha fatto pensare a come mi vesto. di nero per lo più. nero su nero e poi ancora nero. ho recentemente quindi scoperto che il motivo per cui mi vesto di nero è per avere potere e protezione. non ci ho mai pensato in questi termini, ma ha senso. da qui la pantera nera. stavo proteggendo il mio cuore. il nero era la mia armatura, che mi copriva, mi proteggeva dal mondo esterno, impediva che venissi ferita, esposta, completamente vulnerabile. ora ho un promemoria e so che sono forte abbastanza e che sono guarita.

il giorno seguente me la sono spassata con gli elefanti. se avrete mai la possibilità di trascorrere del tempo con queste creature stupende, per favore fatelo. questa esperienza, assieme alla mia lettura, è stata indubbiamente il pezzo forte del mio viaggio. gli ho dato da mangiare e uno di loro si è messo a ballare, stupenda visione. quando è arrivato il mio turno per fare un giro, il mio elefante si è avvicinato e le persone che lo stavano cavalcando sono scese e lui invece di aspettarmi se n'è andato. "che cacchio, aspetta", ho pensato. ma quando mi sono voltata per vedere l'elefante dietro mi sono accorta che era enorme. era l'elefante più grande del parco. quando sono saltata su, il suo allenatore, che è stato con lui sei giorni alla settimana dal 1997, mi ha detto che mi era toccato in sorte il migliore. mi sono sentita la regina della giungla. l'indomani era il mio ultimo giorno per rilassarmi e godermi la permanenza e così ho fatto. ma era già ora di partire. ho comprato un altro diario perché il mio era pieno e un altro libro, *il potere del subconscio* di joseph murphy. ho iniziato a leggerlo mentre aspettavo il mio volo per dubai.

dopo essere giunta a dubai, ho preso un cappuccino, ho scritto un po' sul diario e letto. dopo essere scesa al livello inferiore per new york, c'è stato un altro controllo di sicurezza. la guardia mi ha chiesto se avevo dei device elettronici nella mia valigia, e ovviamente ho tirato fuori il mio laptop. vi avrei dovuto dire che viaggio solo con un trolley. ovviamente avevo anche una borsa da spiaggia enorme riempita fino all'orlo con mille cose (il mio cappello, i libri, i diari, il mio computer, il beauty case, un altro paio di scarpe, ecc.) e quando ho fatto il check in a bali mi hanno preso il trolley, perché "i miei effetti personali" erano ingombranti. mi si è ritorto contro e così ho dovuto trascinare la mia borsa enorme per bali, dubai e new york. non potevo farci niente e ho perciò proseguito.

così ho cercato il pc nella borsa, ma non lo trovavo e ho iniziato ad agitarmi. sappiate che kendra leonard non perde le cose. me ne stavo lì incredula a guardare il mio pc che non c'era più. e non era andato perso solo il pc, più che altro se n'era andato per sempre il libro a cui stavo lavorando a bali perché non avevo fatto un backup (poiché sono un'analfabeta digitale – devo smettere di dirlo). allora ho guardato l'orologio e ho capito che non c'era tempo per tornare all'aereo prima che il volo partisse. e così ho avuto un attimo di imprecazioni e poi ho lasciato perdere.

eh già, ho lasciato davvero perdere. forse il mio libro non avrebbe dovuto essere letto. il signore mi ha consigliato di andare da un altro tizio per fare un reclamo. ha chiamato anche qualcuno per controllare nell'aereo perché speravo fosse caduto dal vano superiore. non riuscivano a trovarlo ma mi ha assicurato che sarebbe saltato fuori e che lo avrei riavuto in pochi giorni. mi ha confortato saperlo, ma non riuscivo a calmarmi e respiravo affannosamente. ho fatto questo reclamo e ho tirato fuori il mio libro per cercare di non pensarci più. ma non riuscivo a concentrarmi. quindi mi sono alzata e sono andata in un angolo per fare un po' di yoga e di meditazione per cercare di tornare a respirare normalmente.

e ha funzionato. il tempo di salire sull'aereo e mi era passata. perché non potevo farci assolutamente nulla. potevo scervellarmi sui se e sui dove, era controproducente tentare questa strada. ormai era andato. ho avuto 14 ore per rimuginare sui fatti ed è stato lì che ho pensato: "e se non fosse mai stato imbarcato?". ho parlato con otto persone in tre aeroporti e tutte mi hanno detto che capita in continuazione e lo avrebbero trovato. qualche giorno dopo il mio arrivo ho ricevuto una mail in cui mi informavano che non lo avevano ancora trovato. ho tentato di contattare gli aeroporti di dubai e di bali ma non ho ottenuto risposta. li ho contattati per settimane e non ho mai ricevuto niente. una mia amica mi ha suggerito di contattare il resort dove alloggiavo. poi, quasi un mese dopo, ho ricevuto una mail. avevano trovato il computer!!!!! non potevo crederci che fosse stato ritrovato! avevo perso ogni speranza e invece era tornato da me! avevo intenzione di andarlo a prendere il giorno dopo il mio compleanno a washington, visto che emirates non fa scalo a raleigh e approfittarne per vedere un altro spazio per il mio negozio, dato che avevo rinunciato al *gatto nero*, ma poi è arrivata questa cosa chiamata coronavirus e così ho deciso di farmelo spedire. era arrivato così lontano, cosa sarebbe stato per lui un altro breve volo?

la situazione attuale

il mio computer è arrivato al mio negozio venerdì 20 marzo, due mesi dopo la mia partenza da bali. quindi tre giorni dopo che il governo mi ha fatto chiudere il negozio a causa della pandemia. ora è venerdì 10 aprile e sono seduta per la prima volta dopo bali a lavorare al mio libro. tutto è cambiato drasticamente negli ultimi mesi. è surreale. è tutto chiuso. bar e ristoranti sono chiusi, non c'è nessuno fuori. gli aeroporti sono vuoti, uber e airbnb sono fuori servizio, è stata emanata un'ordinanza che ci impone di stare a casa e possiamo uscire solo per visite dal dottore, farmacia e spesa al supermercato. il mondo intero è in questa situazione da settimane. tutti non lavorano o sono stati licenziati o sono in cassa integrazione. il governo dovrebbe inviare un aiuto monetario, ma non è ancora arrivato niente. ho fatto domanda per tutto ciò che posso, ma senza profitto. comunque non sono preoccupata.

vedete, è come la situazione del computer, non posso farci niente. è fuori dal mio controllo. e tutti sono nella stessa barca, quindi non è che io sia l'unica sfigata. invece che vivere in una spirale di negatività, scelgo di vederla come un dono. è l'universo che ci sta dicendo di rallentare. madre natura sta guarendo. in poche settimane da quando il mondo è chiuso, il cielo si sta schiarendo e le riserve d'acqua sono più limpide. abbiamo avuto un impatto enorme sul nostro pianeta ma il modo in cui lo abbiamo trattato è terribile. siamo stati costretti da madre natura a prenderci questo tempo per permettere a noi stessi di respirare e guarire, come sta facendo lei.

ho approfittato di questo periodo per apprezzare ancor più la natura. le camminate quotidiane con meditazione e yoga e guardare il cielo hanno fatto bene al mio corpo. mangiare delle pezze di formaggio non altrettanto. ma stiamo vivendo qualcosa che è senza precedenti. e dobbiamo guardarci dentro. essere grati per le persone della nostra vita e di tutte (e a volte non necessarie) le cose che abbiamo. questa situazione ci ha scossi profondamente. molti di noi non stanno lavorando, alcuni sì. in quarantena con le nostre famiglie, alcuni di noi lavorano da casa, altri fanno didattica a distanza, e altri ancora come me hanno un'opportunità per concentrarsi su come fare le cose in modo diverso.

c'è stato veramente un grande cambiamento quest'anno. a gennaio la mia guida spirituale ha tenuto un incontro dal titolo "2020 in rassegna". in quell'occasione ha detto che ci sarebbero stati dei mutamenti che nessuno aveva previsto. ha anche detto che sarebbe stato dai tempi della guerra civile o della seconda guerra mondiale che non affrontavamo una situazione del genere. ed è esattamente dove siamo ora. ma scelgo di vedere cosa ci sarà dopo questo tempo: reinvenzione, rinascita, rivitalizzazione, rinnovamento, risveglio, rianimazione, riabilitazione e rivoluzione.

quindi quando ci sembra di non vedere la fine, tutto andrà bene. tutto va bene. il sole risplende, il clima è eccezionale. come nella sua reale natura, raleigh fa esperienza delle quattro stagioni in una sola settimana. questa situazione è come la morte di una relazione. abbiamo modo di gettare uno sguardo sulle nostre vite e capire come sono, cosa importantissima, e come trarre una lezione da questo periodo. noi, tutti insieme, supereremo questa fase. anni fa, quando ho preso la decisione di aprire il mio primo negozio, capii che la cosa peggiore che sarebbe potuta accadere era la mia morte. e fino ad allora continuerò ad andare avanti, e non senza aver combattuto. quindi sono ottimista riguardo al fatto che la mia attività sopravvivrà e che presto prospererà ancora.

non fraintendetemi. quando tutto è iniziato ho pensato "ma che cazzo?". vedevo morte, oscurità, disperazione, la fine del mondo, l'apocalisse zombie, tutto chiuso e attività cessate, rivolte, ruberie, ecc. tutti sono al verde perché non si lavora e nessuno assume. stiamo andando verso una situazione tipo *il racconto dell'ancella*,[10] in cui esiste

---

[10] romanzo distopico di margaret atwood del 1985, da cui è stata tratta recentemente una serie tv. (N.d.T.)

la legge marziale, il presidente attuale è diventato un dittatore e non ci sono più le elezioni, e ha preso il controllo del mondo e così non posso più vedere le notizie. ma no, non succederà. ho fiducia nell'umanità e nello spirito umano.

tutto questo ci porta a essere creativi in quello che facciamo e nel modo in cui lo facciamo. riguardo a ciò di cui abbiamo bisogno e a che cosa vogliamo. si è scoperto che non ho davvero bisogno di nulla. a parte il gas, il cibo, non ho speso soldi in niente nell'ultimo mese. è sorprendente che questo sia un problema della contemporaneità con effetti duraturi che cambierà il nostro modo di agire per il futuro a venire. si spera di uscirne più forti, più uniti come società. se solo ci guardassimo dentro e vedessimo tutta la bellezza e il carisma che si cela in noi e riflettessimo quella luce nel mondo per condividerla con gli altri, sapremmo cambiare il mondo al meglio. questa è un'opportunità per una nuova prospettiva, per un nuovo inizio. è come il primo dell'anno che si ripete...o forse è più come il giorno della marmotta,[11] potete scegliere o di cambiare le vostre abitudini per crearne delle migliori, o potete continuare a correre nella ruota del criceto sempre nella stessa posizione. sta a voi. in entrambi i casi è una possibilità per imparare, crescere, essere.

la mia opinione è che tutti abbiamo una parte divina in noi e la connessione che c'è tra mente, corpo e anima è il nostro punto di partenza. abbiamo letteralmente ciò di cui abbiamo bisogno sempre a nostra disposizione. siamo la chiave per sbloccare il nostro reale fine. quietate la vostra mente, le piace correre qua e là. ascoltate il vostro corpo, vi parla di continuo. setacciate le profondità della vostra anima e assicuratevi di essere al suo servizio. per concludere, ricordate che siete l'unica versione di voi che esiste nell'universo (o almeno nel tempo presente). quindi per favore, fate la vostra parte e siate la versione migliore di voi stessi. vivete ogni giorno come se fosse l'ultimo e abbiate un bell'aspetto mentre lo fate.

---

[11] espressione che rimanda a una tradizione americana simile alla *candelora*, che si basa sull'osservazione del comportamento di un esemplare di marmotta americana. Qui usata per intendere che ci saranno due inverni. (N.d.T.)

postfazione

un mese dopo aver finito questo libro e averlo mandato in stampa, il negozio di kendra è stato distrutto durante una rivolta. nel tentativo di guarire e di fare chiarezza, ha iniziato un periodo sabbatico di tre mesi in croazia e in italia. pronta a imparare un'altra preziosa lezione sul dimenticare e mettere sé stessa al primo posto, per poi aiutare gli altri ancora, kendra continua il suo viaggio di autoesplorazione. durante questo periodo ha scritto quello che un giorno sarà il suo terzo libro, titolo indefinito...

Printed in the United States
by Baker & Taylor Publisher Services